這裡有些問題

迎戰生活的哲學思辨

朱家安

「實習（practice）是最好的驗證」
——殷海光〈怎樣研究哲學？〉

看見真正重要和正確的事物

身為哲學老師，常有人問我：「哲學是什麼？」每次被問，我都感覺自己面對全新挑戰，因為這個問題的答案會不時變化，反映出我對哲學的理解和興趣。

剛念哲學系時，我覺得哲學就是斤斤計較的討論事情，這讓許多東西一下變得不確定起來。「說謊是錯的」是嗎？那如果有時候說謊才能拯救生命呢？若你跟念哲學的人約在校門口碰面，他搞不好會問你：「距離校門多近才算校門口？」

後來我意識到，哲學人在這方面會特別執著，是因為他們總想搞清楚概念的定義，剛好許多哲學問題可以理解成討論定義的格式，像是「什麼是正義？」、「什麼是心靈？」。於是我也開始想，哲學的核心特色，就是探尋定義和概念分析嗎？

但哲學又不只是探尋定義，有時候哲學家對現有的概念定義不滿意，會乾脆自己造一個出來。對於「所以哲學是什麼？」我目前版本的回答是：「哲學是藉由整理概念來追求知識。」有時候我們探尋現有的概念，有時候我們自己打造概念。這些行動有一致的目標：人需要概念來思考和理解，概念整理清楚了，我們就能看見真正重要和正確的事物。

依據這回答，可以把這本書看成我這幾年進行的概念整理，每篇文章探索一個問題，並展示清楚的概念能如何幫助思考。有些文章非常明確的界定某些概念，就算你不同意我介紹的界定，也能以它們為基礎（或者假想敵），去發展你的想法。有些文章沒給出明確的定義，但依然探索概念的某些特性，來發展論證，你不見得會同意我的論證，但我希望這些看法能對你呈現我討論的問題有趣之處，並帶來啟發。

這本書的大部分文章都各自獨立，你可以跳著看（物理上的也行，注意安全就好），不會影響理解。每篇文章都不長，相信你可以很快的看完，但也希望你別太快接受我的意見。在篇篇文章之間，你可以給自己留一些時間，也整理整理自己的看法。

這本書的文章由我的網路專欄文章編修而成。我修改了寫法和案例，讓文章更好理解，並且把主題相關的文章整合，讓論點更完整。感謝《Readmoo 閱讀最前線》和《太報》刊登這些文章。在文章撰寫過程裡，許多人提供了寶貴意見，感謝他們！他們是：neokai1128、Sims、Reyes、劉維人、賴天恆、朱小朱、艾俠、Sheepy Lin、Kevin Huang、陳紫吟、Chun-an Chan、Chen Ching-Ray、陸子鈞、杜政昌、葉多涵、鄭丁嘉、葉人豪、鄒凱業、koyun、石貿元、吳貳說、洪偉、林孟和、陳馨和、王耀達、阿火、Ginn、linlin110、李宗祐、Laura、張曜、Sandra、蔡如雅、許家愷、Gary Liu、周詠盛、Sora Wang、PaoYu Chien、Lui Man Ho。最後，特別感謝黃丹竹校閱部分章節並提供細緻的意見。

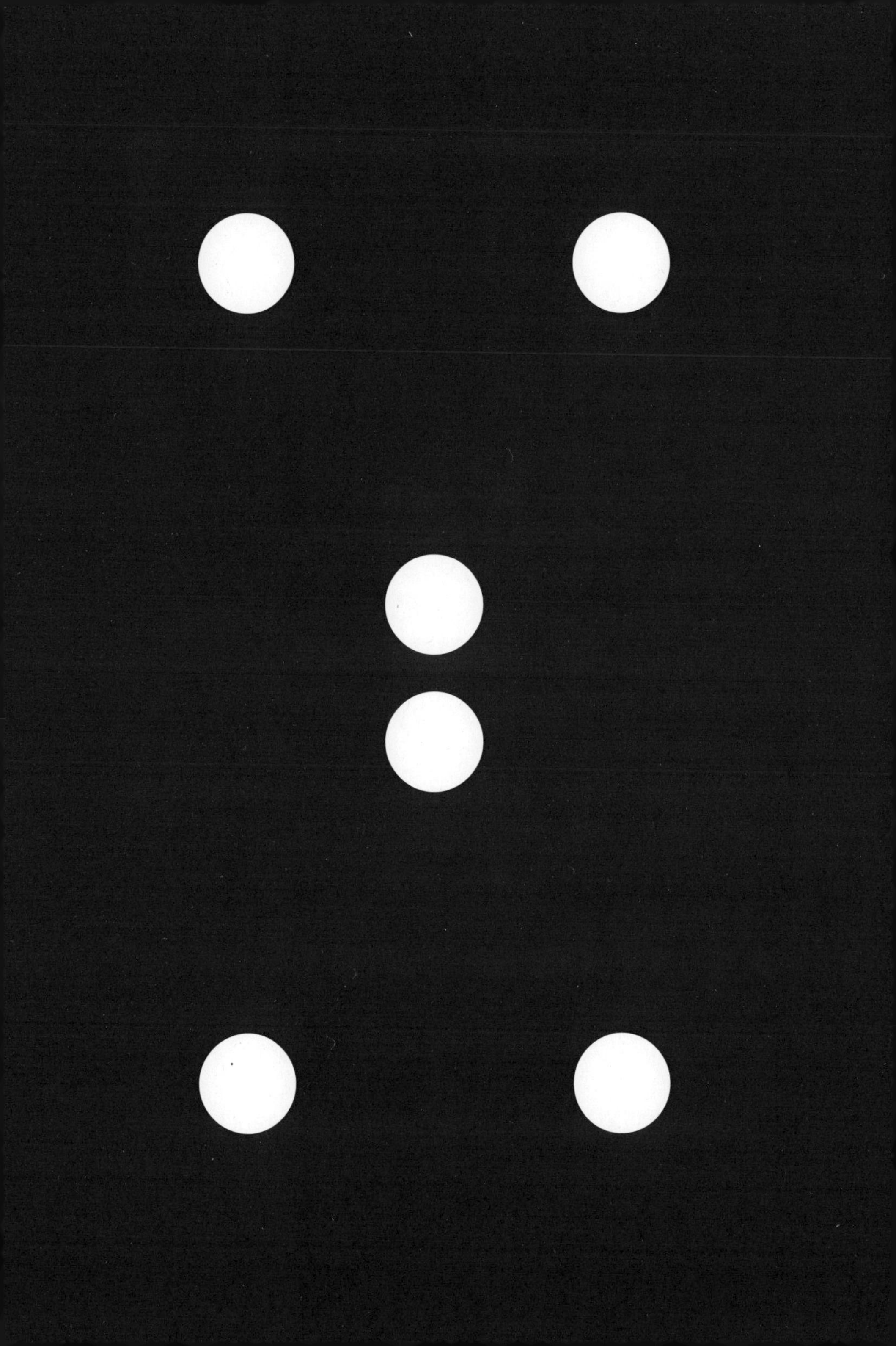

目次

呃——有些問題太情緒化

啥——有些問題沒人在乎

嘶——有些問題攸關生死

噢——有些問題未免太左

?

咦

CHAPTER

①

有些問題關乎定義

如何討論「定義」？

丹麥數學家海恩（Piet Hein）寫過一首小詩：〈心理小祕訣〉（Psychological Tip），當你面臨困難抉擇，這首短詩推薦一個做法：丟銅板。

海恩說，這不是要你把決策交給機率，而是要你仔細觀察：當銅板在空中翻滾時，你心裡是否暗自希望銅板朝哪一面落下？

順著海恩的洞見，經濟學家路斯．羅伯茲（Russ Roberts）指出，雖然我們時常認為決策專家使用的那種「好處列一排、壞處列一排」的損益表格是要用來比較價值，但對個人抉擇來說，列損益表格也能誘發情緒反應，讓你更了解自己「心之所向」。若你評估某個方案，把缺點列在左邊，優點列在右邊，半小時之後你盯著表格，忽然希望這方案的優點更多一些，壓過那些缺點，在這時候你除了表格上的優缺點，還額外掌握了一件事：你心裡滿喜歡這方案的[01]。

這時我們好像可以說，你的「心之所向」早就在你心裡，只是需要適合的環境讓蛛絲馬跡浮現。

上述思考方式，跟哲學家的某些思考不相同，但有類似之處：它們都設法追求某些可以說是本來就在我們心裡的事物。

哲學探尋你的內心

「什麼是正義？」、「什麼是心靈？」、「愛情跟友情有什麼不一樣？」、「咖啡是一種豆漿嗎？」從人類模糊的直覺當中整理出規則，來把想法變清楚，是哲學思考常見的做法。但這做法不是每次都管用，在眾多哲學討論的場合，我時常遇見這樣的回應：

我：今天我們要討論「超級系機器人」[02] 的定義，大家先舉一些超級系機器人的例子好嗎？蒐集一些例子，我們來看看它們有沒有什麼共通點。

某個過於敏銳的傢伙：現在是要討論定義對吧？也就是說，我們要討論是哪些規則決定哪些機器人算是超級系機器人。

我：是的，我們先舉一些例子，然後從例子裡找共通點，看看能不能把規則逆推出來。如果成功的話，那個規則就有機會用來定義超級系機器人。

某個過於敏銳的傢伙：也就是說我們手上還沒有定義對吧？要是我們手上還沒有超級系機器人的定義，我怎麼知道哪些例子算是超級系機器人？

真的很有道理！如果沒有先對超級系機器人給出定義，我們怎麼知道哪些機器人算是超級系？但這樣一來，我們不就陷入循環，不可能找到答案了嗎？

不過事實上這不是問題，人類有本事順暢使用某些概念來溝通，但同時卻又講不出這些概念的定義，這很常見。若你不同意我的說法，可以嘗試看看你能不能對「問題」、「順暢」、「概念」和「溝通」這四個概念給出定義。

假如你讀得懂，使用上也無礙，但卻給不出定義，這很正常。因為「有能力使用某個詞」跟「有能力說明這個詞的使用規則」是兩回事，就像是「會騎腳踏車不摔倒」跟「能說明為什麼自己騎腳踏車不會摔倒」是兩回事。

人類不需要掌握定義，也能使用概念來討論例子，在你有辦法說明「超級系機器人」背後的分類規則之前，你已經知道無敵鐵金剛和蓋特機器人算是超級系機器人。這就像是，在你有辦法說明相關的中文文法規則之前，你已經知道下面這個句子不符合中文文法：「中文文法不句子這個上面」。

依據一般理解，文法規則並不是像法律那樣，由某個人或某群人先決定下來，然後其他人遵守，而是在社群互動當中自然形成的。換句話說，人們在用語言溝通的同時，也在建立語言本身，以及相關的表達和理解的規則。接著，研究語言的人對此現象產生好奇心，開始整理人們使用的句型，並「逆推」出文法。事實上，當我們掌握第一語言並能順利使用，這也不是因為我們懂得它的文法。絕大多數的臺灣人中文都比英文好，但他們能列出的英文文法遠多於中文文法。

在這方面，概念跟文法類似。我們會使用各種概念，許多時候並不是因為有些人決定了概念的意思，把規則白紙黑字寫下來要我們照著做（或者我們看了之後覺得「真是個好主意！」於是自願照著做），而是我們嘗試用語言描述我們所看所想，哲學家整理這些描述之後設法把規則逆推出來。

海恩丟銅板，但不是為了決定事情，而是為了觀察自己心之所向。哲學家為概念舉例了，但不是因為他們已經掌握了某概念的規則，而是為了觀察自己是如何使用這概念，再逆推出規則。海恩的祕訣和哲學家的研究手段，似乎可以理解成某種「模糊心靈整理術」。我們心裡有些事物很有價值（例如對於「美好生活」的描述，以及能用來決定誰是超級系機器人的規則），但在一般情況底下相當模糊，需要一些非常手段才能引誘它們現身。接下來，我們來看看幾種好用的技巧，這些技巧或許能夠協助你安然度過本書的第一章。

探索哲學定義的三個門道

「正義是什麼」「心靈是什麼？」「怎樣算是擁有知識？」，許多哲學問題是關於抽象概念的內涵和定義，這讓哲學對於一般人來說難以親近。我們的教育並不包括如何探究抽象概念的內涵和定義，若你劈頭問我：「所以什麼是正義？」要不是我念過哲學系，習慣思考這種問題（畢竟會出現在期中考），恐怕也會愣住。抽象概念的問題對一般人來說難解，而哲學家發展了各種方法來應對，以下我介紹一種初步方案，包含三個步驟，非常簡單。

抽象的概念不容易研究，另一方面是因為概念不像具體事物如石頭或蝸牛，讓我們看得見摸得到，能透過觀察和實驗來認識它們的各種性質。（不過蝸牛還是不要摸比較好）要更了解眼前的石頭，你可以從各種角度觀看來確認它反射和透光的情況、摩擦來檢查硬度、摔開來確認結構紋理和內部的樣子。然而，什麼是「正義」？什麼是「真」？你沒辦法把這些事物拿在手上檢查，但你可以做下列這些事：

一、守備範圍：概念可用來描述哪些事物？

或許社會、行為和人可以是正義或不正義的，那顏色、家具和颱風呢？了解正義能用來描述哪些事物，就掌握了正義的「初步守備範圍」，也可以用這些事物之間的相關性來逆推正義可能有的性質。例如，假設顏色無所謂正義或不正義，那就表示：

1 顏色不可能不正義

2 會讓一個事物不正義的種種性質，不可能發生在顏色這種事物身上

3 光靠顏色能有的那些性質，無法推論出正義或不正義

一旦了解概念的守備範圍，就可以問出更完整的問題，例如：怎樣的社會才是正義的社會？比較下面兩個問法，你會發現，當問題變完整了，答案也更容易發想：

抽象的問題：什麼是正義？

⇩

比較完整的問題：怎樣的社會才是正義的社會？

當然，這時候你想到的答案不保證就是正確答案，但有了初步的答案才有後續的討論。

二、概念關聯：概念和其他概念有什麼關係？

我們無法說出正義是什麼，但依然可以用這個詞及其背後的概念來討論，這顯示我們還是對「正義」有所理解。探討什麼是正義，一大功夫是把我們對正義的這些理解挖掘出來。而常見的挖掘方式之一，就是探索正義和其它概念的關聯，例如說：「正義的情況一定公平嗎？」如果是，代表公平是正義的必要條件、正義是公平的充分條件。當然，這種問題不是隨便回答就行，而是可以用案例檢驗：

A假設正義的情況一定公平，表示我們不可能找到「符合正義但卻不公平」的案例。並且，如果你先找到一個正義的案例，然後改變其細節讓它變得不公平，你會發現它也同時不再正義。
B假設正義的情況不一定公平，表示我們一定可以找到找到正義卻不公平的案例，也就是A的反例。

上述檢驗都建立在我們對概念的理解上，對照下面兩種情況會更清楚。用光線、摩擦和擊打來對石頭做實驗的時候，我們主要是在探究自身之外的石頭。然而，在對概念提問並舉例來回應提問時，我們其實是在探究自身內部對概念的理解：你對正義有一套理解，但無法憑空把自己的理解化為一條條規則說出來（如同你懂中文文法，但無法把它們列出來），藉由上述探問的協助，你可以把自己對正義的理解化為比較明確的描述，跟別人討論。

每個人對正義的理解不見得完全相同，但當我們各自都能明確描述自己的理解，就可以進一步討論我們想要怎樣的正義。石頭有哪些性質，這不是我們可以決定的，但正義應該要有哪些性質，存有討論空間。藉由討論正義應該是怎樣，我們也是在交換自己對於人和社會的期待，如此一來，便有機會發展哲學家哈斯藍爾（Sally Haslanger）所說的改良性（ameliorative）計畫：思考我們可以如何調整自己對概念的理解，讓概念發揮應有功能，讓我們的生活更好。

三、案例跳動：探索概念的本質和邊界

如果「正義」這個概念很好用，代表這概念在世界上有很多「適用情況」，你可以拿著這個概念到處觀察，判斷某些情況正義、某些情況不正義，並且用這些判斷跟別人溝通。如此一來，「正義」這個概念協助你講出自己對於世界在意之處，協助人類交流重要的思考。如果某些情況本來對你來說還算正義，但稍微改變了一個細節，就會成為不正義的，這代表什麼？當一個細節更動就足以讓概念在邊界上反覆橫

跳，代表此細節可能是整個狀況是否正義的關鍵。比較一下：

A我口袋有一百塊→似乎沒有不正義
B我口袋有一百塊，那是我趁你不注意從你口袋偷來的→不正義

A和B的差別簡單明瞭，人人都有辦法判斷，而身為探究「正義」內涵的人，便可以從此發想正義所需的條件，例如：

A的情況沒有不正義，但B不正義，這顯示正義需要「一個人事實上擁有的那些，都是他應得的」。在B當中，我擁有一百塊，但那並非我應得的，因此B不正義。

由此一來，或許就有機會發展一個說法，用「應得」這個描述人跟東西之間關聯的概念，來分析何謂正義。當然，就算這個說法有道理，它也不見得完整描述了「正義」的全部面向，但至少有了起點，可以更明確的討論各種「某人擁有某東西」的情況跟正義的關聯（而這種資源分配議題在當代政治哲學底下，可一直都是正義理論的主流問題）。

哲學幫你說出話來

上面三個小技巧，當然不是哲學所有的技巧。不過我自己在思考和寫作時常蒙受其恩，所以特別在此介紹給你。社會上常有人認為哲學「沒有客觀答案」，每個人意見不同。

但沒有客觀答案，不代表無法產出有意義的答案。如果把思考哲學理解成「搞清楚自己在想這些東西的時候到底在想些什麼」，那這種思考就可望幫助你成為一個更清晰的人，更能把自己的想法化為明確的話語，跟別人說明那些你覺得重要的事情。

01——《你可以不必理性，做出人生最好決定：一個經濟學家對人生難題的非經濟思考》，臉譜出版，余韋達譯。

02——「超級系機器人」是日本 ACG 作品裡的機器人分類，與其對應的是「真實系機器人」。粗略來說，真實系機器人的機械和科幻設定較為寫實，強調軍武細節，例如《機動戰士鋼彈》裡的宇宙世紀（Universal Century，UC）系列。而超級系機器人的機械和科幻設定則較為誇張，強調幻想和熱血風格，例如《無敵鐵金剛》、《蓋特機器人》。

宗教是什麼？

怎樣的事物算是宗教？基督教、佛教、伊斯蘭教，人類對主流宗教的印象有相當清楚的輪廓，雖然可能會在一些小地方起爭議，例如某些新興宗教，但這些已經足以讓哲學家評估恰當的定義。

或許有些人會說，「宗教」就是個人造的概念，要怎樣定義都可以，所以討論這概念的定義沒有意義。不過這種說法恐怕有待商榷，因為：

1 人類對「宗教」有相當明確的用法，明確到我們能區分什麼時候「不算是」在字面意義上使用這詞，例如「這補習班老師有一群死忠學生粉絲，上課時還會有特別的歡呼，根本是宗教了我說」。這顯示這概念背後有一套規則可以探索。

2 許多人造的概念就因為純粹是人造的，定義反而相當明確。國小老師不會搞錯誰是「班長」，交通警察一般

也不會搞錯你有沒有「逆向」。

關於宗教的定義，我一直很喜歡歷史學家哈拉瑞（Yuval Noah Harari）在《人類大歷史》（*Sapiens: A Brief History of Humankind*）裡提出的看法：宗教是以「超人類秩序」為基礎的價值觀系統。

哈拉瑞：宗教是以「超人類秩序」為基礎的價值觀系統

這個定義掌握了宗教的兩大特徵：每個宗教都有一些超人類的東西，而且每個宗教都有一套規範。並且，這個定義也說明了兩個特徵之間的關連，不管是佛教還是基督教，它們在教導信徒應該如何生活的時候，那些建議都不是隨便說說的，而是奠基於某些超人類的基礎。這些包含上帝和輪迴在內的基礎是超人類的，因為這些事物的運作都不是人類說了算，在人類控制範圍之外。

第一次讀到這概念，我有一種恍然大悟的感覺，哈拉瑞的說法在我看來很合理，因為他恰如其分的描述了我對宗教的理解：他說的每個條件都在我本來的理解當中，只是我過去沒有這麼清楚的把這些條件整理分明。有吸引力的哲學定義，總是會讓我有這種感覺：這人講的事情我早就知道了，只是我過去就是沒本事講得這麼清楚。

然而，哈拉瑞對宗教的定義，我終究還是無法買單。因為依據哈拉瑞的說法，在這個定義底下，許多政治哲學和倫理學理論，也都會被當作宗教。假設有一群自由主義者，他們相信人的自由是世界上最重要的事情，應該受到保護，而且這些規範並不是隨便說說的，而是來自於人權。這時哈拉瑞會說：如果「人權」這種東西也在人類控制範圍之外，那就跟天堂地獄和輪迴一樣，是超人類秩序，這樣一來，自由主義也算是宗教，因為自由主義也是「以超人類秩序為基礎的價值觀系統」。

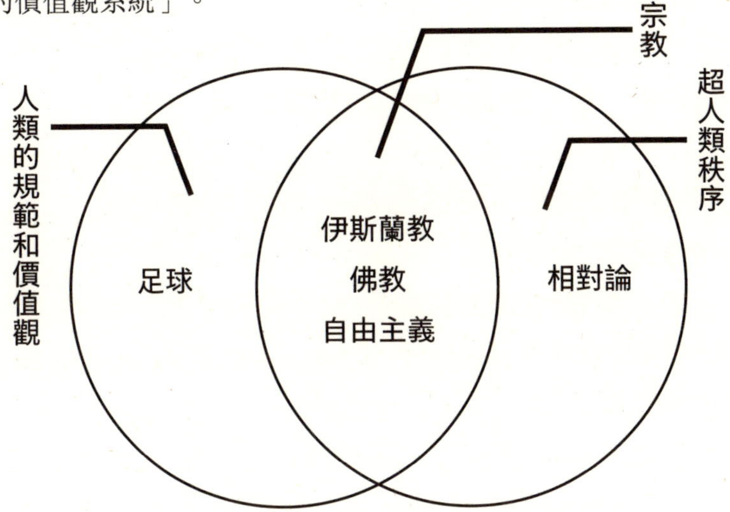

當然，對哈拉瑞來說，並不是所有規範和價值觀系統都是宗教，像是足球就不是。足球規則是一套規範系統，但足球背後並沒有什麼超人類秩序，足球的一切都是人類規定的，如果人類不喜歡，隨時可以改，只要人類喜歡，怎樣都行。

哈拉瑞的定義令人難以接受，因為你很清楚自由主義和共產主義不是宗教，至少在我們一般人的用法底下，沒人會這樣說。但同時，哈拉瑞的定義也很有說服力，因為「價值觀系統」說明了宗教的入世，而「超人類秩序」說明了宗教的超然，相當準確。若你要拒絕哈拉瑞的定義，可能得要提出一個判準，來說明自由主義和基督教有什麼重要的不同。

另一方面，你也很難主張自由主義等政治哲學思想不是建立在超人類秩序上，因為如果政治哲學規範像足球規則一樣，人高興怎麼改都可以，那我們爭論「怎樣的政治原則才是正義的／正確的？」就沒有意義了。我想，在政治話題裡，我們可能最多只能同意「這個社會要靠左還是靠右行走」這種小事算是「只要人高興，怎麼改都可以」，而且還是別改得太頻繁比較好。

席勒拉克：宗教需要「超經驗的存在」

我不同意哈拉瑞的說法，但掙扎於想不出好的替代方案。不過哲學家席勒拉克（Kevin Schilbrack）二〇一三年的一篇文章拯救了我[01]。

依據席勒拉克的說法，基督教教義和政治哲學原則之間的共通點，在於它們都在描述「非經驗的存在」（nonempirical reality），天堂、地獄和人權，都是我們無法用現世的感官和科技直接觀察到的東西。

然而，席勒拉克進一步指出，這些東西之間有重要差別（在這裡為了說明，我們借用哈拉瑞的詞彙）：如果你是某宗教的虔誠信徒，那你會主張說，你接受的那些超人類秩序，不但是關於非經驗事實，而且其存在也不倚賴這個世界經驗性的歷史。

簡單比較一下：

■若你是自由主義者，你可以比較無痛的主張：自由主義雖然是最合理的政治哲學理論，但自由主義終究也是人類造出來的事物，若人類過去的歷史改變，可能就沒有自由主義這個政治思想，也無所謂自由主義描述的那些非經驗事實，像是人權之類。

■但是，若你是虔誠的宗教信徒，可能就不太情願對你的宗教規則或世界觀這樣說。基於宗教信念，你更可能反過來主張：就算人類從未知道有天堂與地獄，天堂與地獄依然會存在（而且在那種情況下，所有人類都要倒大楣了）。

席勒拉克把這類宗教事物稱為「超經驗的存在」（superempirical reality），這類東西不但無法直接用感官或科技感知到，而且（如果它們存在的話）其存在也不倚賴這個世界經驗性的歷史。對我來說席勒拉克這說法的啟發性在於，他進一步指出了宗教信念特殊之處。宗教信念跟政治信念、科學信念不同，若你有某個宗教信念，代表你真的把某些描述當成非常基礎的真理，不管這世界過去的歷史如何改變、不管人類有沒有發現它們，它們都真實存在、始終如一、無法撼動。這說法指出了哈拉瑞沒提到的細節，並且符合我們一般對宗教的理解。

01——Kevin Schilbrack, 2013. "What Isn't Religion?," *The Journal of Religion*.

青菜有心靈嗎？

「你怎麼知道植物不會痛？」

很難判斷是不是開玩笑，不過若你支持動物權，反對為動物帶來痛苦，那或許你偶爾會遇到這樣的挑戰：

「你支持動物權，所以盡量吃素，但你怎麼知道菜不會痛？」

直覺上，大家應該都認為植物沒有感覺，所以這個問題可說是直接違反常識，但這也是它的奸巧之處。就像劈頭問你：「你怎麼知道你有兩隻手？」一樣，這類問題把人瞬間扯進哲學脈絡，知識的門檻一下子竄升，讓人感覺似乎真的必須證明植物不會痛，才能安心吃蘋果和滷白菜。

青菜有所謂感受嗎？這個問題跟心靈哲學的傳統問題有關：我們怎麼知道其他個體有心靈[01]？

心靈的存在和最佳說明推論

心靈很特別，因為我們認識自己心靈的方式，跟認識別人心靈的方式截然不同。我知道自己有心靈，因為我可以「直接感覺」到自己的意識、思考和感受。然而，我知道別人有心靈，並不是因為我直接感覺到他們的意識、思考和感受，而是從他們和我的相似性，以及他們的外在表現和處境去逆推出一些結論：

「別人燙到會痛」論證

1 我被燙到會痛（一種心靈感受），會紅腫、大叫、臉皺成一團（一些外在表現）。

2 別人跟我都是人類，在各方面類似。

3 別人被燙到之後會紅腫、大叫、臉皺成一團，與我的外在表現相似。

4 因此，別人被燙到之後，與我的內在表現也會相似，也就是說會痛。

上述推論並不是嚴格的邏輯證明，而是一種「訴諸最佳說明推論」（inference to the best explanation）。就像關於歷史事件的推論，以及偵探事件裡的推論，用我們可直接觀察到的事情，加上常識和原則，去推出我們不太可能直接觀察到的事情。在「訴諸最佳說明推論」底下，當某個推論成立，只代表它是當前最佳選擇，不代表它就是正確的。

我們可以直接感知自己的心靈，但要主張別人有心靈，我們需要訴諸最佳說明推論。心靈在這方面很特別，因為其他大部分事物，都沒有這種不對稱性。想一下，我和你是怎麼說明我右手臂上有刺青？

我：我看到這條手臂上有刺青
你：我看到這條手臂上有刺青

對於我手臂上的刺青，我跟你可以用同樣方式去認識，但不管是對於我的心靈還是你的心靈，我跟你都無法用同樣的方式去認識。心靈是私密的，以主觀面向存在，我的感受只有我能擁有，沒有人能用跟我一樣的方法經驗我的內心，這是探究心靈會遇上的特殊難關[01]。

當然，在日常生活中，我們並不是透過上面那樣的「別人燙到會痛」推論來相信別人燙到會痛。照心理學家的說法，當我看到你痛苦哀嚎，我的鏡像神經元會啟動，搭配其他捷思（heuristics），讓我不但相信你處於痛苦中，還感同身受。然而，這套認知方案雖然相當自然，但其實並不準確。例如，當你看卡通動畫，你眼前的東西其實並無心靈，但你的鏡像神經元依然會啟動，協助你同理角色、沉浸於劇情。

青菜有心靈嗎？

鏡像神經元顯然不會在我們削蘋果或拔蘿蔔的時候啟動，不過依然有些跡象顯示植物可能有心靈：

現象描述

■含羞草受觸碰後，枝葉會閉合。

■捕蟲草會分泌能引誘昆蟲的蜜汁，若昆蟲以特定頻率碰觸捕蟲草葉面的感覺毛，兩辦葉會閉合夾住昆蟲，並分泌消化液。

■有些植物在受到傷害時會揮發化學物質，這些化學物質會使附近的植物將營養移至根部之類比較不容易遭受破壞的部位。

上述是很陽春的句子，只描述了我們能觀察到的事情，但你很容易發想更有想像力的句子：

心靈描述

■含羞草「不喜歡」你碰他，於是把葉子合上。

■捕蟲草「想要」吃蟲、「察覺」到蟲，於是把蟲抓住。

■植物會痛，也會哭喊，而其他植物「聽得到」，並能因此進行防禦準備。

在這裡，關於植物是否有心靈、會痛的問題，就可以翻譯成：

Q在「現象描述」之外，「心靈描述」是否成立？

對於這問題我現在並沒有答案，但可以提供一些考量：

1 詮釋：關於心靈狀態，有其他詮釋嗎？

想想這問題：

Q 當含羞草閉合，為什麼這顯示他「不喜歡」你摸他，而不是他「傲嬌」，或是「想要你摸摸葉片的背面」？

若從動物權和素食出發來討論，提出「植物有心靈」的人自然容易提出種種設想，試圖顯示波菜「不想要」你吃、下鍋的蘿蔔很「痛苦」。然而就算植物有心靈，為什麼答案是上面這些，而不是植物被吃其實很快樂？

就算植物有心靈，對於植物心靈狀態的合理詮釋，也不見得是挑剔素食的人想的那樣。邏輯上我們可以發想各式各樣的詮釋，不見得都對，但可以協助我們構想並測試更完整的判準。

2 目的：我們對心靈的描述，是否預設了某些目的？

對上述問題，或許有些人會直接回答，我們有理由認為蘿蔔被煮很痛苦，因為預設植物想要活下來很合理：

演化目的論證

1 若植物有喜好和欲望等心靈能力，這些能力應該是演化出來的，替演化優勢服務。

2 葉片閉合能保護葉片免於傷害，因此可以理解為什麼「含羞草不喜歡你摸他」（並因此閉合）會增加演化優勢。但無法理解為什麼「含羞草喜歡你摸他的葉子背面」能增加演化優勢。

3 因此，當含羞草的葉片閉合，「含羞草不喜歡你摸他」是比較好的解釋。

依照這思路，其他植物的「行為」也可以用同樣的方式去理解。

然而，這些釐清也讓我們可以問出更進一步的問題：

1 一般認為是在「殘害」植物的行為，真的都有害植物的繁衍嗎？我們知道有些植物的演化優勢來自於，植物作為食物跟動物合作。蜜蜂採花蜜對植物有利，獸類吃果子也是。

2 就算植物身上的某個機制能帶來演化優勢，這能顯示植物有心靈嗎？我的汗毛因溫度變化而豎立，或許可以藉由保暖來增加我的演化優勢，但這跟我的心靈並無關聯，而我們大概也不至於去主張說，汗毛也有心靈。

換句話說，就算知道哪些機制是因為能帶來演化優勢而演化出來，這也沒有告訴我們這些機制是否預設了心靈的存在，或者是否需要心靈的存在才得以運行。後面這個問題需要另一組獨立的回答。

3 能建立「系統性的說明」嗎？

若討論的是人類和其他哺乳動物，我們很有理由預設彼此有心靈，因為就算不懂人類或狗的心理學，也可以用這樣的預設做出有用的推論來協助生活。

以我家的小狗「勾錐」為例，若他在下午一點到五點間盯著你看且尾巴搖個不停，我會知道他想要上廁所或出門散步。測試這個假說的方法就是真的帶他出門，然後觀察到他回家後就不再有類似舉止。

若勾錐在其他時間盯著你看且尾巴搖個不停，他想要什麼呢？不好說。如果地點是沙發前，勾錐可能想要我抱他上沙發（若是這樣，他會隨著我的手勢擺出適合抱的姿勢）。如果地點是沙發後面，勾錐可能想要撒嬌搔搔（若是這樣，他會隨著我的手勢躺下翻肚子）。如果勾錐已經在沙發上了，還是把尾巴搖個不停，可能是想要我也坐上沙發陪他（若是這樣，當我坐好之後，他會捲成一球塞在我的屁股旁）。最後，如果勾錐搖尾巴的情況發生在深夜，這代表房間有蚊子，我們麻煩大了。

上述這些並不是嚴謹的科學研究，但足以顯示當我預設勾錐有心靈，這預設能如何協助我和勾錐共同生活。勾錐會感覺快樂和痛苦，有欲望，會感到寂寞，這些預設自成一個體系，遵循一定規則，並且可以藉由行為來操作互動。我不需要了解小狗的生理學和心理學，也可以在日常生活自如運用這些預設進行推論，來和勾錐和諧的生活。

事實上，我們之所以知道其他人有心靈，也並不是因為我們掌握了關於智人的科學，而是從日常生活有系統的互動累積建立而成，我相信在七萬年前那些使用語言溝通的人類就已經合理的相信其他人類有心靈，即使當時任何嚴謹的科學都還不存在。

反過來說，許多「植物有心靈」的說法並不是這樣，除非你有泛靈論式的宗教信仰，否則我們在日常生活中並不需要預設植物有心靈才能和植物「融洽相處」，也沒有建立關於特定植物心靈的體系預設。我們認為植物有心靈，只是因為看到某研究指出某植物被剪除葉片時會揮發化學物質，而其他植物對此化學物質有反應。但這種現象不需要預設植物有心靈也能理解，並且，就算預設了植物有心靈，恐怕也難以從這種現象看出更多事情。要進一步檢驗這些事情，或許可以問問：

Q 那些一般來說跟植物相處得最好的人，像是農夫、樹木醫生、植栽配種專家，他們之所以能做好自己的工作，是因為他們相信植物有心靈嗎？

4「對照組」測試

或許有些人會說，我們確實不是先藉由科學來知道人類有心靈，但這不代表我們無法藉由科學來獲知特定的物種有心靈。我同意，事實上關於那些處於「心靈灰色地帶」的生物（像是蝦子、獨角仙、蝸牛），我們也確實倚賴科學家的研究，才有機會理解他們是否真有內心世界。

若要了解植物有無心靈，科學確實是可行的手段，而且或許也是唯一的手段。然而在這種探究上，植物的心靈活動必須跟科學探究的其他心靈活動一同比較才有意義。在動物福祉的討論裡，我們會比較人類和哺乳動物的認知能力差異，來了解哪些待遇會讓動物不快樂。以上述揮發化學物質作為「警告訊息」的植物為例，在這種視角下，我們可能必須比較其他生物機制，才能了解是否該把這些情況理解成心靈活動。

然而，一旦我們開始做這種比較，會發現心靈活動的門檻滿高的。人類的免疫系統很複雜，由一堆會互相「溝通」的細胞和一堆容易出錯的環節組成，但很少人會認為免疫系統本身有心靈、會思考、有感受。如果植物的防禦機制沒有比你的骨髓和白血球複雜，似乎也沒有理由主張植物因此有心靈。

5 迷因來襲

這篇文章並未證明植物沒有心靈，只是指出思考和分辨的方式，以及我認為有效的證據方向，並說明目前我們沒有什麼理由認為植物有心靈。

然而，我也可以理解為什麼有些人認為植物有心靈，因為「青菜會痛」之類的擬人化說法既聳動又好懂，當有人告訴你剛嚕過的草坪瀰漫的清香其實是青草的哭喊，你真的很難忘掉。

然而，「聳動又容易理解」雖然會讓說法容易流傳，但卻不會讓它比較合理。在知識分工的現代，我們很難不從眾，畢竟很多時候別人比我們更懂當下議題。這讓我們容易下意識的認為：既然某個說法這麼多人在轉傳，那它應該可信吧？然而若用迷因視角（memetics）來思考，當你面對一個流行的說法，你應該把這個說法流行的程度減去它聳動的程度，才能比較公平判斷這個說法的合理性。

01—— 過去中文哲學界慣用「心靈」，十幾年來許多哲學家認為這措辭有不必要的宗教意味，因為現在通用的措辭是「心智」，兩者意思相同，都對應英文的「mind」。為了盡量符合讀者習慣，本書裡探討人與動物時使用「心靈」，討論 AI 時使用「心智」。

02—— 嚴格來說這是心靈當中意識（consciousness）面向的特徵，而不是心靈整體的特徵。不過我們現在不用深究這些，算你好運。

心靈和靈魂有什麼不同？

許多人相信，人能思考並且有感情和感覺，是因為人本質上是獨立於肉體的靈魂，身體只是我們暫時的居所，當時限到來，或者發生過於意外的事情，我們就會脫離身體，並且不見得能夠回來。這種看法說服了許多人，因為：

■意識：這能說明為什麼人有意識。人有意識和感受，桌子等物品沒有，因為桌子等物品沒有靈魂。

■超自然：這能說明各種超常現象，例如鬼屋、不尋常的聲響、一邊走樓梯一邊數腳步的話就會出現的第十三階樓梯，等等。

■撫慰：當我們失去親友，這能提供撫慰。親友並沒有真的消失，而是在天上照看我們，並且有機會跟我們持續互動。

當我們思索該接受怎樣的世界觀，我們是在進行先前介紹過的「訴諸最佳說明推論」，思考哪種觀點最能說明各種現象，甚至能做為我們行為的指引。例如「某些腸胃炎是病毒引起的，不是鬼怪」能說明人為什麼在某些情況下會得腸胃炎，也指引了避免腸胃炎的有效做法，例如清潔餐具。

有些人不相信靈魂存在，他們不相信各種鬼故事，也不相信有靈魂出竅這種事。即便如此，對他們來說，人類和動物依然有別於桌子和膠水，他們相信人類和（大多數足夠複雜的）動物擁有心靈，有認知和感受的能力。對這些人來說，「意識」、「超自然」和「撫慰」三個考慮的地位並不平等。他們可能同意那些關於「意識」的現象確實存在並且需要受到說明，不過關於「超自然」的紀錄多半是錯判或穿鑿附會，而「撫慰」則是一廂情願的看法（wishful thinking），不能做為證據去支持特定見解。

靈魂是靈魂，心靈是心靈

就算上面這種人不相信靈魂存在，但他們依然相信心靈存在。考察「靈魂說」和「心靈說」的差異，可以知道靈魂和心靈有什麼不同：

■靈魂說：靈魂存在。靈魂有意識和感受，能夠思考，在世界上占據特定的位置，並且能跟其他不是靈魂的物體因果的互動。

■心靈說：心靈存在。心靈有意識和感受，能夠思考。比起心靈，靈魂需要擁有更多能力，能夠在沒有肉體的

情況下思考、移動、捽東西和發出聲音，如此一來，才能符合四處流傳的那些鬼故事。人類歷史上，相信神鬼靈魂存在的文化到處都是，鐵齒無神論者反而是少數。在這種情況下，比起想像心靈的存在，或許我們還更擅長想像靈魂的存在。

然而你也很容易理解，為什麼要說明人有心靈很容易，但要說明靈魂存在很困難。在清醒時，我們每個人隨時都體驗得到意識、感受和思考，儘管都只能體驗到自己的，無法直接體驗別人的，但這已經足夠讓我們相信這些事物不但存在，而且是重要的一部分。

不過，要額外說明靈魂其他獨有的特性，比較困難。假設在一場車禍中，我做為靈魂真的「出竅」了，我不像平常待在我的肉體裡，而是懸浮於車禍現場上空，假設這件事情真的發生了，我們能考察到哪些線索呢？其他人無法看到我懸浮的靈魂，而即使我受急救後甦醒，事後也很難證明自己當時真的浮在空中，而不只是經歷了一場幻覺。

假設我們很容易找到證據去支持我的靈魂能待在肉體裡進行日常運作，這些證據包括我的意識、感受和思考，但我們又很難找到證據去支持我的靈魂會「出竅」，那麼「靈魂說」就會遭遇困難，因為所有對他們有利的證據，也都對「心靈說」有利，而所有對他們不利的證據，都不會對「心靈說」造成威脅。

為什麼笛卡兒的心靈不「出竅」？

哲學上的「實體二元論」（substance dualism）有時會跟「靈魂說」搞混，例如笛卡兒二元論，主張心靈是獨立於肉體的存在。依照這說法，當你的肉體損毀甚至消失，「你本身」還是有可能繼續存在，如同上述的靈魂一般。

然而，不同於「靈魂說」，笛卡兒二元論並不認為「你本身」有「位置」可言。笛卡兒認為世界上有兩種基本實體：物質和心靈，這些東西都存在於時間之中，物質占據空間且不會思考，而心靈不占據空間且會思考。照這設定，「車禍發生後，我的心靈暫時的飄浮在現場上空」是沒道理的說法，因為心靈不占據空間，所以沒有位置可言，你不能說你的心靈位於「眼睛和鼻子後面、雙耳之間」，也不能說它位於你的屍體上方。

笛卡兒提出許多論證支持二元論，例如：

「我思故我在」論證

1 我無法質疑自己的存在（因為若我不存在，我就無法執行「質疑」這個思考行動）。

2 我可以質疑自己的身體的存在。

3 我跟我的身體是截然不同的兩個東西。

這個論證藉由「能否質疑」來區分事物：我無法質疑自身存在，但可以質疑身體存在，因此我的身體不是我本身。從這個論證，我們可以推測笛卡兒為何需要把心靈設定成不占據空間：若心靈就跟身體一樣占據空間，是實質的物質的存在，那麼，心靈就跟身體一樣，能適用於這個論證的第二個步驟，能被質疑其是否存在，在這種情況下，心靈就不是我本身。

依照傳統的理解，靈魂能占據空間，四處移動。這設定讓靈魂的形象更加生動，讓神怪故事更加活躍。但以論理來說，這設定也讓靈魂的存在更難證明，照我來看，從笛卡兒如何刻畫心靈，就能看出端倪。

如何算是譴責受害者？

這幾年，「譴責受害者」這詞彙逐漸通行，當你譴責受害者，似乎代表你將不合理的責任加在受害者身上，強化了對受害者不公平的環境。然而，到底怎樣才算是造成這些結果？

曾有國中老師跟我討論，說他在教學上碰到一些問題。例如，討論性別議題時，老師會主張「你不該穿這麼少」、「你不該這麼晚回家」這類說法往往會構成「譴責受害者」，並提醒同學避免用各些方式去檢討人家。然而，當學生的東西被摔破了，或錢被偷了，老師卻往往又會告訴他們：「東西不該放在桌角」、「錢不該隨便丟在抽屜」等等。如果前者算是譴責受害者，為什麼後者不算？反過來說，如果後者也算，我們到底該怎麼跟學生討論這些議題呢？

了解這些問題之後，我覺得這位老師相當認真，除了在課程融入實用的當代概念，也在意這些概念該如何運用才會邏輯一致。要處理這些問題，方向有兩個：

Q1怎樣算是「譴責受害者」？如果「你不該穿這麼少」算是，那「東西不該放在桌角」算嗎？

Q2「譴責受害者」什麼時候 OK ？如果「你不該穿這麼少」不 OK，那「東西不該放在桌角」呢？

這兩種討論方向，Q1問的是：在眾多「為了受害者好而對受害者提出建議」的行動裡，哪些算是「譴責受害者」？而Q2問的是：在眾多「為了受害者好而對受害者提出建議」的行動裡，哪些不 OK ？

在我們關心的脈絡裡，兩個討論方向並沒有什麼差別，它們都要求你考量同樣一套問題，尋找同樣一套判準。但Q2實行起來會比較簡單，因為就算你對「怎樣算是譴責受害者？」並無概念，你應該也會對「哪些做法不 OK、有壞後果？」有概念。有時候我們可以避開定義，直接討論問題。

以Q2的「哪些做法不 OK、有壞後果？」來思考，我們可以列出下面這些想法。

當加害人不存在

從最簡單的開始。有時候「譴責受害者」或許合理：

- **「誰叫你雷雨的時候要拿著鐵製鍋鏟站到山頂」**
- **「誰叫你去非洲草原看獅子時違反規定自行下車」**
- **「誰叫你把玻璃杯放在離桌邊那麼近的地方」**

這些例子提醒我們加害人的重要，若根本無所謂「加害人」，那麼「事前提醒／事後譴責受害者」幾乎就成為避免不幸的唯一方案。

在玻璃杯的案例裡，由於破碎意外常出於不小心，比較難說算不算是有「加害人」，實務上需要考量的可能是生活規約。如果是在班級的場合，大家想過的是「可以隨便放東西，但走路要小心一點」的生活，還是「可以輕鬆走路，放東西時多注意一點」的生活呢？這一點，進一步可以參考下面關於責任分配的段落。

反過來，也可以理解，有時候「譴責受害者」不 OK，是因為在那些時候有更值得譴責的人，以至於若首要譴責受害者，有轉移責任的危險。

轉移加害人的責任

有些時候「譴責受害者」不 OK，因為它會形成一種氛圍，這種氛圍會減輕加害人的責任、不公平地增加受害者的舉證責任和壓力。在當前臺灣，沒人認為性侵和性騷擾是 OK 的，不過社會還是對性犯罪的潛在加害人非常友善，例如：

■性侵和性騷擾案件曝光後，受害者常會遭到騷擾，被各種人質疑自己的控訴動機、被要求證明自己有明確拒絕和堅決反抗等等。

■有些人認為性騷擾和「正當調情」的距離微妙，這種

人可能會主張說：如果你沒有先明確的讓對方知道你不想要被調情，那就算你「感覺」對方在性騷擾你，那也只是你感覺。

■一些比較極端的人，甚至會主張男性就是無法控制自己，所以女性有責任避免「勾引」男性，或「做出令人誤會的舉動」。

在這些背景底下，每當「誰叫你要穿這麼少、誰叫你要這麼晚回家」這種檢討出現，相關氛圍就會受到強化，讓社會覺得性犯罪的受害者沒有管理好自己，讓潛在加害人和受害者的關係更不對等。

不明智的責任分配

每個對受害者的譴責，都預設了某種責任分配的方式，例如「為了避免被性侵，女生不該晚回家」、「為了避免被偷，有錢的人不該草率把錢放在容易取得的地方」。而這些分配不見得明智。

每個人都同意，跟人實際接觸就有可能感染感冒，但顯然很少有人願意為此放棄跟人實際接觸。大多數人願意注意讓易碎物品遠離高處邊緣，除了因為這是避免東西掉落摔壞的主要方法，也是因為這樣做的代價很小：只要多付出一點注意力，偶爾挪一下杯子就行。

然而，在現代治安良好的社會，我們可能不願意為了安全而「自主宵禁」，在晚上十點之後不出門。比起注意杯子不要放在邊緣，不出門的代價大很多，畢竟有人需要辦事、有人需要交誼。在治安良好的社會，某些安全建議雖然出於善意，但並不明智。

當然，怎樣的責任分配令人接受，則仰賴社會背景。若治安差到一定程度，大家或許會接受宵禁；反過來說，如果臺灣社會的治安好到夜不閉戶，我們可能會開始認為「誰叫你腳踏車不上鎖」是在對腳踏車被偷的受害者進行不合理的譴責。

歧視

你可能會說，但是我們不是要求所有人都避免晚上出門，只是認為女性最好避免跟不認識的人在晚上待太晚。

這就是另一問題。如果我們討論的是性犯罪，責任分配的代價不只大，而且還歧視。在這種話題下，責任和社會「譴責的目光」並不是平均或隨機分布，而是落到性犯罪比較常見的受害者身上：女性。如果「這社會對女性的犯罪頻繁」造成的結果是「這社會女人往往待在家裡」，那你很難判斷這結果是一時的權宜之計，還是說它根本就是社會用來限制女人行動的手段。

給定社會現實，當我們說「為了避免性侵案件，人應該晚上待在家」，意思多半是「女性應該晚上待在家」。根據衛福部的統計，在二十個確定性別的性侵加害人當中，就有十九個是男性，如果你有興趣，可以反過來想想看這問題：

Q假設我們都同意，為了減少性侵案件，晚上不出門是合理的代價。那麼，為什麼社會是要求容易成為受害者的女性不出門，而不是要求容易成為加害人的男性不出門？

如果移動、裝扮和交誼的自由對於任何人來說都很重要，有助於他們表達自我、活得像個正常人，那麼，應該是社會要做更多事情來消除性犯罪，好讓任何人都可以做自己喜歡的打扮，並在晚上可以安心出門，而不是倒過來。

社會對性犯罪受害者更苛刻

就像我們會說「你不該穿這麼暴露」一樣，我們會說「你不該草率地把錢放在抽屜」。但是真的是這樣嗎？當性犯罪的受害者最後勇敢訴諸法律，對於自己和警方、政府的互動，他們常描述成受到「審問」。受社會氛圍影響，應該是公平第三方的人，對於性犯罪受害者往往有更多質疑和教訓。

「一般人不會初次見面就喝醉了還答應去別人家吧？」、「你對他沒有意思，為什麼要在他家待那麼晚？」、「他的調情你說你沒有理睬，但是你也沒有明確拒絕，不是嗎？」如果我們沒有同樣程度「審問」那些把錢搞丟的人，表示社會對性犯罪的受害者還是更加苛刻。

性犯罪本身就是容易引起創傷的類型，再加上社會的不友善，受害者除了會遭受更深更長的痛苦，也可能因此噤聲，或者不受信任。最終結果，恐怕是讓加害人更容易逍遙法外。

性侵迷思

至少在性犯罪的議題上，許多譴責受害者的說法可能純粹不符事實或有誤導之嫌。

例如，我們會說「誰叫你要穿這麼少」，但在一些展覽裡，倡議者展出性侵受害者當時的衣物[01]，顯示你不管穿什麼都會被性侵；我們會說「一般人不會初次見面就喝醉了，還答應去別人家吧」，但依照衛福部統計，十個性侵案件裡，九個來自熟人。」

「受性侵多半是因為穿太露或自己有什麼問題」在許多國家已經成為一種性侵迷思（rape myth），阻礙社會應對性犯罪。但坦白說，我們甚至並不知道：如果衣著真的會影響人受到性攻擊的機率，這影響的方向是如何？依照直覺，我們很容易認為穿著性感暴露會增加受害機會，但也有研究衣著與受害機率的學者推測說，有些歹徒可能會反其道而行：從保守的衣著去選擇比較順從因此容易下手的對象[02]。

此外，衣著規範會反過來影響人們如何理解和討論性侵案件。印度和伊斯蘭教地區的女性穿著保守程度很高，但性犯罪數也很高，當女人不願意服從衣著規範時，「給不守婦道的女人一點教訓」和「沒戴頭巾就是引誘男人」更成為性侵犯喜歡的藉口。

人們對「你當初如果不＿＿，就不會＿＿」侃侃而談，然而我們不知道這些事情是否會增加性侵機會。在這種情況下，這些說法是會讓人更安全，還是讓人掉以輕心呢？

無視處境

「你當初如果不＿＿，就不會＿＿」與真實世界相悖的另一種情況，在於說話者不理解，站在受害者處境，實踐這些建議有多困難。

「你當初就不該答應那麼晚的邀約。」不過要是邀約人是平常和藹可親又照顧自己的上司呢？「那你可以委婉不傷感情地拒絕呀。」老實說，要是我處於類似情況，還真的不確定自己有手腕能辦到「委婉不傷感情地拒絕」，我也好奇提出建議的人自己能否辦到？

同樣的，有時受到性騷擾的人會被善意建議「如果你不喜歡他那樣碰觸你，可以明說吧。你沒有拒絕，人家怎麼會知道你不喜歡？」然而，我們也會看到「追求遭拒惱羞成怒」最後傷人甚至殺人的例子。到底要拒絕，還是不要拒絕？對當下處境的人來說，可能兩個答案都錯。

當然我們可以想像，要是受害者當初發揮高超的社交手腕來委婉拒絕，這些犯罪就不會發生。不過，如果這個社會要求人得要具備高超的社交手腕才能免於不公平的傷害，應該是社會本身出了一些問題。

如何討論反例

最後，讓我們回過頭來討論文章開頭的提問：當我支持的主張有奇怪的結果，該怎麼辦？

「不該譴責受害者」論證

1我們不該譴責受害者

2所以我們不該以避免性侵為由糾正人的穿著。

3所以我們也不該以避免被偷為由叫人把錢收好。

像3這種有點奇怪的結果，有時會被稱為反例：你無法接受，但它又從你可以接受的主張推論出來，讓你進退維谷。

遇到無法解決的反例，常見的癥結不外乎是對於主張背後的判準掌握得不明確，或者沒有發現案例之間的重要差異，當然，也有可能是你的主張有問題，因此理當遇到反例。要確認情況到底是如何，幾個問題會有幫助：

- **我的主張到底區分了什麼？**
- **為什麼要這樣區分？**
- **這些結果涉及的情況有哪些不同性質？**
- **假設我放棄主張，因此放棄結果一，這會有什麼不好／不合理的後果？**
- **假設我不願放棄主張，因此需要接受結果二，這會有什麼不好／不合理的後果？**

如果你有明確答案，就會更知道如何面對反例。如果沒有，思考這些問題，也是解決困難的必經之路。

01—— 例如二〇一四起始於美國的《*What Were You Wearing*》巡迴展，以及臺灣師範大學 Kaos 團隊在二〇二二年的《完美受害者》（*the ideal victims*）性侵衣物展。
02—— Theresa M. Beiner, 2007. "Sexy Dressing Revisited: Does Target Dress Play a Part in Sexual Harassment Cases?," *Duke Journal of Gender Law & Policy*.

勤勉和禮貌都是好事，渣男跟破麻一樣糟糕，對嗎？

勤勉和禮貌聽起來是好事情，但其實不見得，渣男跟破麻聽起來一樣負面，但其實不見得。現在就來探索它們背後共通的概念結構。

勤勉是種美德嗎？

過去幾年，中國興起「躺平運動」：放棄努力，不期待成功，只要維持自己的溫飽和扶養等道德責任，除此之外不買房、不買車、不生子，排除額外的欲望，也不進行多餘的上進。一些中國人引用電影《讓子彈飛》裡的詞來描述這種心境：「站著掙不了錢，又不想跪著，那就躺著唄。」

這種向後有違祖宗教訓、向前不利國家生計的生活風格，中國政府自然不喜歡，官媒齊聲譴責「躺平主義」，中國牆內許多討論躺平的網路群組陸續消失。中國政府和企業鼓勵人們勤勉，因為需要勤勉的大眾製造價值才得以維持，但這不代表人們有理由勤勉：勤勉對你來說有多大好處，得要看你會因為勤勉而得到多大好處。

勤勉看起來是美德，這是因為我們預設勤勉的人能從勤勉所增加的價值當中得到公平的份額。但是不管是世襲的貴族社會，還是分配不均且缺乏流動機會的現代社會，都會威脅這些預設。當預設成立的程度太低，我們就會開始難以確定：勤勉到底是美德，還是既得利益者的陰謀？

禮多人不怪？

「勤勉」這概念乍看之下相當正能量，但這種正能量仰賴的社會背景預設，我們卻不見得能注意到，以至於當這預設已經幾乎不成立，中國政府還是可以批評那些決定不再勤勉的人是「懶散、不努力、對不起祖宗」。

「禮貌」也有類似特徵，平常很少有人會說禮貌不好，中國甚至有「禮多人不怪」這種成句，來為肉麻的過度禮貌辯護。然而在一些時候，禮貌也能成為讓人噤聲的工具：在民主社會裡，一般來說禮貌能促進溝通，但在程序不公正、發言權遭到壟斷的情況下，若真正需要發言的人硬要說話，反而會被說是不禮貌、不文明[01]。

我們通常相信禮貌能協助維持秩序，讓人們順利互動，不過這同樣需要一些社會背景的預設。當這些預設成立的程度太低，我們就會開始難以確定：禮貌到底是美德，還是那些已經有發言權的人用來控制你的工具？

概念背後的預設

「勤勉」和「禮貌」的共通點在於：

❶它們乍看之下都是好東西，你很有理由照做。

❷然而，它們要發揮好效果，需要某些前提成立。

❸當這些前提不成立，它們往往成為人們欺壓其他人的工具。

若這分析有道理，這結構不太可能只出現在「勤勉」和「禮貌」兩個概念上，然而我們平常不會動不動開始抓概念來反思，看看它倚賴的前提現在是否已經失效，這就是為什麼當概念出問題，我們不見得會第一時間發現。

「渣男」和「破麻」意思一樣嗎？

「勤勉」和「禮貌」看起來充滿正面價值，「渣男」和「破麻」則相反，但上述分析方向依然可以協助我們看出更多。

「渣男」和「破麻」都是罵人用的，人用這些名詞來指涉要罵的對象，達至罵人效果。或許是因為這兩個詞都跟性有關，有些人認為它們是對等的。若你反對稱呼女性為「破麻」，這些人會反駁說，既然用「渣男」罵人沒問題，那用「破麻」罵人也沒問題。以下我想說明為什麼這種反駁是錯的。

不同的罵人名詞有不同的「內容」，這些內容預設上都是負面的，這是為什麼這些詞能光是藉由指涉就達到貶抑罵人的效果，這一點不管是在真實世界，還是在《哈利波特》

的魔法世界都一樣：

麻種

內容：會用魔法但沒有完整巫師血統的人

價值預設：在會用魔法的人當中，沒有完整巫師血統的人比較低等

你可以想像某個不崇尚巫師血統的社會，在那個社會裡，「完全沒有巫師血統」並不伴隨負面的價值預設，因此那個社會的成員比較難理解為什麼「麻種」能拿來罵人。在相聲劇《東廠僅一位》裡，馮逸綱和宋少卿比賽誰能說出最髒的髒話，拔得頭籌的是「你政府官員！」。這之所以能成為笑點，是因為大家理解這個段子是在諷刺：因為政府形象不好，所以「政府官員」已經伴隨了負面預設。

「渣男」和「破麻」也各有內容，照一般用法：

渣男

內容：在性和感情上欺騙人的男性

價值預設：在性和感情上欺騙人的男性是差勁的

破麻

內容：不「潔身自愛」的女性

價值預設：不「潔身自愛」的女性是差勁的

對照這兩種罵人詞彙伴隨的價值預設，可以看出它們的不同之處。「渣男」預設的是一般人都會接受的觀點：欺騙不 OK，就算你正在實踐開放式關係，恐怕也不會接受欺騙；而「破麻」預設的觀點不但限制女性自由，而且這種限制很有彈性：只要你有心罵某個女性「破麻」，不需要等到他跟十個不同的人上床，光是他在社群網站上有好幾個異性好友，都可以成為理由。當社會讓女性更需要「潔身自愛」，女性就更容易受到性羞辱、更容易在發生不幸的時候被「譴責受害人」。

限制女性自由不但糟糕，而且在現況下還是一種不平等的糟糕。我們很難想到用來辱罵「不潔身自愛的男性」的詞彙（可能甚至難以理解：說男性不潔身自愛，到底是什麼意思？），硬要找，恐怕只能找到一些不確定是在辱罵，還是在稱頌其性能力的詞彙，例如「種馬」、「千人斬」。在性方面，社會對男性和女性顯然有不對等的看法。

值得注意的是，以上並不是在主張「社會既然有詞彙來罵不檢點的女性，也應該要有詞彙來罵不檢點的男性」。這種不對等值得重視，是因為它讓世界上占據一半人口的男性，因為自己並非眾矢之的，而不容易意識到女性在這方面的困境，並容易認為「現代社會男女已經很平等了」、「是女生想太多」。

當然，用任何詞罵人，都有可能「罵錯」而出問題：被你罵「笨蛋」的人搞不好很聰明，被你罵「渣男」的人其實沒有劈腿。然而比起「渣男」，「破麻」在使用上多了一層不管如何都會出現的問題：我們每次用這個詞來罵人，都是在加深和肯認「不『潔身自愛』的女性是差勁的」這樣的想法，進而讓女性落入更差處境。

概念背後的東西

我們使用概念，一般不會去想這些概念背後有哪些東西。但是概念背後往往有東西，這些東西有時候讓概念能產生功能，有時候讓魔鬼安身。

「勤勉」看起來是好東西，但是在分配不均機會不平等的社會就不是；「禮貌」看起來是好東西，但是在可以用禮貌來把人噤聲的社會就不是；「渣男」和「破麻」看起來是差不多的罵人的東西，但考慮其價值觀預設，其實不是。思考概念背後有哪些東西，可以讓我們更了解自己在想什麼和在講什麼，避免成為自己不期待的人，促進自己不想要的社會。

01—— 請見賴天恆，二〇一五。〈文明必須禮貌嗎？烤香腸與國際城鎮會議〉，《鳴人堂》，網址：https://opinion.udn.com/opinion/story/6685/829106

?

呃

CHAPTER ②

有些問題太情緒化

為何不相信鬼的人還是會怕鬼？

如果我真的不相信有鬼，鬼故事對我還會有效果嗎？如果讀了鬼故事而感到害怕，是否代表我還是有一點點相信鬼存在呢？

這些問題的基礎，在於情感到底是一種怎樣的東西。例如說，如果「怕鬼」跟「怕期末考」不一樣，代表害怕不只是一種情緒反應，而是一種有「內容」的東西。害怕不只是發抖、冒冷汗、腎上腺素分泌，害怕還可以「關於」特定事物，就像語言文字可以關於特定事物一樣。

事實上，害怕不只是可以關於特定事物，而且還幾乎總是關於特定事物，害怕有對象，當你害怕，你幾乎總是害怕某個東西，而且這個東西幾乎總是位於未來。

這些特性讓害怕似乎可以跟信念起衝突。如果你不相信有鬼存在，你就不會認為鬼有可能在今天晚上現身找你，那你就沒必要害怕鬼。反過來說，當我害怕鬼，是否代表我相信有鬼？或者相信實務上可能有鬼？

或許其他案例會有幫助，例如天空步道。天空步道是透明地板的步道，通常設於高處，作為觀光景點。走天空步道的人通常會恐懼，有些人會軟腳無法前進（別問我怎麼知道的），因為他們害怕走著走著會掉下去。然而，這是否代表他們相信天空步道並不安全、相信他們在實務上有可能真的墜落？

顯然並不是，因為若是這樣，他們一開始就不會走上天空步道，不是嗎？你可以檢查下面這論證，看看到底是哪裡出了問題。

天空步道論證

1 你願意走上天空步道，這顯示你相信天空步道很安全。

2 在天空步道行走時你感到害怕，這顯示你不相信天空步道很安全。

3 你自我矛盾。

在我看來，天空步道的例子顯示的是：當我們因為某件事情感到恐懼，這並不代表我們相信那件事情會實現，甚至也不代表我們相信那件事情在實務上可能會實現。雖然害怕跟信念一樣有內容，但害怕跟信念的內容可以脫勾。

感性是理性的相反嗎？

就算我們不相信某件事情在實務上有可能實現，我們依然會為那件事情感到恐懼，這就是為什麼天空步道、雲霄飛車和鬼片讓人害怕。想像一下，「恐懼」這種情感為什麼會演化出來？或許就是因為那些不會在懸崖邊起恐懼反應的人死亡率太高，所以他們的基因沒有遺留下來。要幫助我們的老祖宗保住小命，各種情感需要快速自動，並且足以跟意識和好奇心抗衡。

人類常把情緒理解成一種跟理性對立的東西。在各種故事的老套角色塑造裡，「情緒擔當」跟「理性擔當」的個性會截然不同，從性情中人到冷靜冷血，在許多情況的立場也往往不同，提供劇情推進所需的衝突。在這套角色塑造裡，一種常見的理解是，情緒跟理性對立，因為情緒沒有理性可言：情緒不照著理性規則走，也不在乎種種理性規範，所以給出跟理性不同的答案。然而，在許多情況下，情緒執行的其實是跟理性類似的認知功能。

理性是用來認知的

先談談什麼是理性。對一些哲學家來說，理性是一種認知機制，讓人「對好理由做出恰當回應」：

典型的理性

■大木看到桌上有蘋果，因此相信桌上有蘋果。

■馬丁想吃蘋果，馬丁相信自己背包裡有蘋果，因此想要伸手掏背包。

典型的不理性

■大木看到桌上有蘋果，因此不相信桌上有蘋果。

■馬丁想吃蘋果，馬丁相信自己背包裡有蘋果，因此不想要伸手掏背包。

以上述案例，理性的運作可能讓人產生信念去相信特定的事情，也可能讓人產生欲望去想要做特定的事情；「典型的理性」循規蹈矩，很好理解，而「典型的不理性」則令人難以理解，可能會引發迷因問號圖。在這些案例裡，理性要能正常運作，人才能正確的認識世界（知道眼前有蘋果），並且跟世界恰當互動來滿足自己的想望（伸手拿蘋果），這是為什麼理性是一種認知機制。

情緒也可以用來認知

如果理性是一種認知機制，協助我們了解和回應世界，來滿足自己的想望，那情緒呢？乍看之下情緒與其說是在認知世界，不如說是在展現人的個性和內在。不過如果仔細看，會發現許多情緒似乎也是在協助人恰當的了解和回應世界，雖然做法跟一般理解的理性不太一樣。

例如，為什麼腐敗的食物和排泄物往往讓我們覺得噁心？有些人認為噁心感最初是一種「行為免疫系統」（behavioral immune system），協助我們的祖先遠離毒物和疾病 。當某個東西讓你覺得噁心，你用盡辦法離它遠一點，若它不幸已經進入你嘴裡或消化系統裡，你反胃也要把它給吐出來。在噁心感發動的場合，你不見得真的知道眼前那東西為什麼對自己有危險，但既然你根本無法讓自己靠近它，你也不真的需要知道這些細節了。

另一種例子，是不公平之事觸發的義憤和正義實現時的爽感，這些感受也是情緒。在《惡意如何帶來正義》（*Spite: The Upside of Your Dark Side*）裡，心理學家麥卡錫－瓊斯（Simon McCarthy-Jones）說明「正義感」為什麼會讓人做出對自己沒有什麼好處的事情，例如路見不平挺身而出。群體生活要對所有人有利，大家必須能最低限度遵守某些公平原則，因此身為演化而來的社會性動物，人類在一些文化底下會被觸發關於公平的情緒，自願花費不成比例的高成本去處罰犯規者。

有認知，才有失準

當我們把情緒想像成是跟理性截然不同的另外一種事物，我們心中浮現的典型案例，往往是那些顯然不合理、不理性的情緒反應。但這些理解方式，恰好承認了情緒也有認知功能：就是因為情緒有時也肩負認知任務，所以情緒才有機會搞砸這些任務，導致那些不合理、不理性的判斷或行為。

在《好人總是自以為是》（*The Righteous Mind : Why Good People Are Divided by Politics and Religion*）裡，道德心理學家海德特（Jonathan Haidt）則討論跟道德有關的情感，指出這些情感有演化基礎，並且其「觸發機制」會受到後天環境和文化教育影響。有些猴子看到童軍繩或水管會展現恐懼的反應，這並不是因為這些東西對他們來說有什麼危險的，而是因為他們怕蛇。

這種「情感失準」的情況在人類身上一樣有。例如前述的噁心感，有學者認為這是某種「行為免疫系統」，避免毒物進入身體。但有些人顯然也會對一些非毒物也無威脅的東西感到噁心，例如「被消毒過的蟑螂浸泡過的果汁」（這是實驗室案例，還好我不是受試者）。在《從噁心到同理》（*From Disgust to Humanity: Sexual Orientation and Constitutional Law*）裡，哲學家納思邦（Martha Nussbaum）討論噁心感的合理性，指出噁心感的觸發物會受到「社會建構」：在世界歷史的不同階段和地區，政治和教育曾經成功教導人對特定人感到噁心，包括種性制度的低階族群、猶太人、同性戀、女人、老女人、月經來潮的女人。

經過社會建構和環境變遷，某些噁心感不再有指出「真正具有威脅之物」的功能，納思邦用這來說明，對同志的噁心感不能成為好理由去反對同志的政治權利。依循類似路線，哲學家辛格（Peter Singer）則在《真實世界的倫理課》（*Ethics in the Real World: 82 Brief Essays on Things That Matter*）裡說明為什麼我們對亂倫的排斥感不能用來反對亂倫。

情感有演化基礎，也受到社會建構，並且可以人為操弄。比起納粹利用政治宣傳把猶太人塑造成噁心的低賤種族，我們這些不相信鬼存在的人用鬼片嚇嚇自己，已經算是很無害的應用了。

殺人償命，天經地義，對嗎？

人是演化來的，演化在世代之間造成的變化一般來說很慢，在文明誕生之後可能跟不上科技和社會變遷的腳步，而使得一些過去能為我們增加適應性的性狀反而產生壞效果。其中一個好例子是人對甜食的欲望。

有些演化學家認為，很久很久以前，我們嗜甜的祖先比其他類似個體更有機會存活，因為甜的食物通常帶有更多易於儲存的能量。身處食物短缺的時代，你我的祖先不太容易因為攝取太多糖而得到致命疾病，但對生活在富裕社會的現代人來說，就完全不一樣了。這是為什麼「對於甜食的欲望」對我們來說是個掙扎：一方面，滿足這些欲望很爽，另一方面，這可能導致我們在多年後受苦，或者必須多做其他可能不太有趣的事情來維持健康。（另一件跟這篇文章沒有直接關係，但大家可以注意的事情是：商人如何抓住這個幾乎大家都有的罩門，開發出古代人無法想像地甜的東西來賺錢）

演化學家可能有專門的詞來講這件事，我們遇到的情況是這樣的：在時代改變後，人類對於甜食的欲望幾乎不再能提供當初使得它脫穎而出的那些功能（讓人多攝取能量以保命），但我們並不會因此放棄或克制這些欲望。當人克制吃甜食的欲望，最直接的原因，通常是他發現這些欲望跟他的其他（或許也在某程度上出於演化的）欲望衝突，例如維持能靈活運動的身材的欲望、不想生病的欲望、想活久一點的欲望等等。

從零食點心到殺人償命

人身上有另一種欲望，它在各方面都跟嗜甜的欲望很像：復仇的欲望。

你不難想像，就像嗜甜的欲望有演化基礎一樣，有些生物學家認為，復仇的欲望之所以出現，在很大程度上，也是因為當初這些欲望為你我的祖先帶來演化上的優勢[01]。復仇的欲望實際上是怎麼演化出來的？事情當然沒那麼單純，但是最最最簡化的故事或許是：

很久很久以前，小明和小華和人類的靈長類祖先屬於同一個物種，和大部分靈長類動物類似，他們生活在社會化的族群裡，族群裡的個體大多認識彼此，也記得大家的互動狀況。小明有仇必報，小華沒有這種傾向，出不了多久大家就發現占小華的便宜代價比較小。即便小明和小華在其他面向的能力和條件都相仿，被占便宜的頻率較高，還是讓小華的適應性和留下子嗣的機會降低。

當然，即便我被侵害，或者我看到同社群的其他人被侵害，而產生復仇的欲望時，我也不會真在當下把它自我解讀成是為了增加自己的適應性，對胸口莫名堅定的怒火，人反而通常會把它解釋成是為了「伸張正義」。不過不管如何，在現代社會裡，即便真的嚴重的侵害產生了，我們也幾乎沒有機會真的親自滿足復仇的欲望，因為，用霍布斯的話來說：我們把復仇的權利交給了國家[02]。

在遠古時代，嗜甜的欲望是為了儲存能量提高生存機率，而復仇的欲望是為了嚇阻在未來可能侵害自己的對手。到了現代，嗜甜的欲望對許多人來說成為健康的威脅，而復仇的欲望呢？它明顯讓許多人傾向支持那些看起來跟復仇比較像的社會控制方式，例如對殺人犯處以死刑，而不僅僅只是把他關起來。然而，在這裡有件事情需要注意。

在現代社會，我們可能無權滿足復仇欲望

我們要怎麼應對自己嗜甜的欲望，通常跟別人的關係不大，若不考慮我的健康狀況下降之後對健保造成的負擔，我要吃多少甜食，理論上是我自己一個人的事情（頂多再加上我的家人跟我的椅子）。然而，當我出於自己復仇的欲望而去支持某種刑罰，我的意見就可能影響到別人的生活，影響生活的面向有很多種，光就「安全性」這個議題，至少就可以列出這幾種可能性：

1 如果政府照著我的意思去做，會讓大家的生活更安

全，那這個意見就是好意見。

❷如果政府照著我的意思去做，不會讓大家的生活更安全，那這個意見就沒什麼用。

❸如果政府照著我的意思去做，會讓大家的生活更不安全，那這個意見就是壞意見。

身為提出意見的人，我應該負起責任去證明❶符合事實。如果我做不到這件事，我也不該主張：「光是我復仇的欲望本身，就足以作為理由，去支持政府採納我的意見」，因為，考慮到❸為真的可能性，這個欲望的滿足並不是我自己一個人的事情。

你可能無法想像為什麼復仇式的刑罰（在這個例子裡：死刑）反而會讓大家的生活更不安全。答案很簡單：在一個族群當中，報復的效果是有條件的。一般來說，只有在大家互相認識的社群裡，報復才會提昇個體的優勢。以小明和小華為例，如果他們的夥伴都很臉盲，根本認不出誰曾經因為我占他便宜而扁我一頓，那就算小明的報復手段再凶殘，也沒辦法讓其他個體知道他不好惹，只是白白增加自己當下的受傷機會。

現代人把「用來控制犯罪、增加安全的機制」託管給政府之後，類似問題還是可能出現。我們必須時刻謹慎，注意政府是否依循最有效、對社會上的個體構成最小侵害的方式，來維護我們的安全。如果我們不小心，不受理性控管的復仇欲望可能會搞得你我更慘，以下介紹目前正在發生中的三件事。

復仇欲望讓人低估誤判的嚴重性

在這個時代，我們對於社會安全的謹慎，可能超過遠古祖先。想像一下：當小明因為「誤判」而痛扁了其實沒有偷他香蕉的妮妮一頓，這不見得對於小明來說是壞事，因為其他沒有臉盲而且記憶力精良的目擊者依然會深信「小明不好惹」，因此讓小明在未來更安全。更何況，如果妮妮身體瘦弱，或許小明也根本不需要顧慮痛扁她的代價，「復仇」不用準確和公正，只要就結果而言划得來就好。

不過這並不是現代人的處境。在現代，所有司法系統都有誤判的問題，而這不是一個人的事情，而是所有人的事情。誤判不但不會增加人民的安全，反而會減少人民的安全：一方面，誤判處罰了無辜的人，另一方面，誤判可能提昇潛在罪犯的僥倖心。或許有人會說，一個司法系統容不容易誤判，這跟我們選擇用哪種刑罰應對哪種犯罪沒有直接關係，畢竟不管是開罰單還是終身監禁，都有可能會誤判。但你可以理解：即便給定「誤判率」不變，當刑罰越嚴重、越不可回復，誤判對安全的威脅就越大。當復仇欲望促使我們去支持最嚴重的刑罰，並認為這才是「伸張正義」，我們可能因此低估這些副作用的嚴重性。

復仇欲望讓人低估現代暴行的嚴重性

一件事情會引起人多強的復仇欲望，會受到很多跟結果嚴重性不見得相關的因素干擾，例如這件事情是否見血、是否有具體單一的「凶手」、是否涉及一個人「直接」攻擊另一個人等等。這可能跟復仇心演化出來的時候的環境因素有關，不過到了現代，這些特色反而讓人對於許多造成更嚴重後果的「現代暴行」相對無感。例如在臺灣，環保和勞工權益問題對一般民眾的危害遠大於隨機殺人犯，但人們的注意力和口業往往集中於後者。

復仇欲望讓人支持完全沒道理的政策

在每次隨機殺人案之後，就會有人呼籲某種殺人犯罪（例如「殺害十二歲以下兒童」）應該要「唯一死刑」，意思是說只要確認犯人真的犯下罪行，就沒有量刑的空間。以個人而言，這種做法可以很大程度滿足復仇的欲望，但以社會而言，它帶來的問題絕對比它維護的權益更多，因為它會使得已經犯下死罪的犯人更容易鋌而走險，造成更大危害，你可以想像犯人如此理性思量：「既然已經是死罪，如果再殺掉一兩個目擊者可以讓我更有機會躲避追捕，為什麼不幹呢？」

就跟嗜甜的欲望一樣，人們復仇的欲望很可能在一定程度上有演化基礎。許多人滿審慎地評估和應對我們嗜甜的欲望，我建議我們用加倍小心的態度，來應付我們復仇的欲望。

01—— 說復仇傾向有演化基礎，並不表示復仇跟文化無關。你可以很容易發現，在「觸發復仇的條件」、「復仇的方式」等各種面向上，不同文化有不同傳統。關於復仇傾向的演化，可以參考 Katherine Harmon, "Does Revenge Serve an Evolutionary Purpose?," https://www.scientificamerican.com/article/revenge-evolution/

02—— 人對於和自己沒有直接關係的社會案件義憤填膺，這跟「為自己復仇」不太一樣。在這篇文章裡，我並沒有為這種「為他者復仇」的傾向提供演化上的解釋，但我希望大家可以注意到：那些討論復仇時使用的論點，幾乎都可以沿用到這個主題上。

看新聞看到生氣，合理嗎？

依照前面的討論，我們已經知道自己的某些情感是演化來的認知能力，並且在現代世界可能遭到誤用而失準。現在，讓我們看看網路時代的一些失準例子。

你跟平常一樣用手指滑著社群平台，一則則新聞標題步入眼簾，像是：

■等兩小時等無餐！她當場留一星遭老闆趕人
■花錢買罪受？飯店一晚進六千，結果「連兩房都漏水」
■餐廳公然脫褲？拿兒童馬桶讓女兒如廁　網傻眼

新聞寫的那些事情本來跟你毫無關係，這輩子說不定都不會遇到，但既然都看到了那就是另一回事，你不由得點進新聞網頁，或者點開已經有幾百則留言的討論串。相信你對這類事情也已經夠熟悉了：媒體需要點閱和互動，所以媒體慫恿你和其他不認識的人一起辱罵你們都不認識的人。

路見不平，一肚子火。這種「義憤」的反應很自然，不光是你有，其他參與留言的幾百人和閱讀新聞的幾萬人也有。身為社會性動物，人內建道德情感模組，會對不符合社會常規的事情起情緒反應，而這些反應會協助維持規矩，在幾百人組成的小村莊裡，若有餐廳讓客人等上兩小時，還因為客人埋怨兩句就把人趕走，流言斐語很快就會傳遍滿城，逼迫店家改進。這些參與傳聞和批評的人確實有理由參與，因為他們討論的是他們城裡的餐廳，藉由參與和評論，維護了他們切身的規矩。

不過現代人的處境並不相同。我們已經進展到連「地球村」這詞都暴露年齡的時代，在社群平台上，你動不動就受邀去批評遠在天邊的某個事物，即使那事物跟你毫無交集，而且這些批評也無助於維護你切身相關的社會常規。

以上面的餐廳為例：

■你根本不會去那個餐廳。

■當然，你還是會去其他餐廳，但「餐廳不該讓客人等兩小時」的社會常規，據我所知目前並沒有受到威脅的跡象。

■就算有，Google 地圖附帶的評論功能也能協助你避開雷區。

■而且這則新聞的來源是當事人在網路上的抱怨，這類新聞事後翻案的例子比比皆是。

我並不是在說……不過……

我並不是在主張，因為現代社會太大，所以評論已經全然喪失意義。值得批評甚至需要評論的議題還是存在，而且常見，像是：

■尚未被大眾廣泛注意到但值得注意的事件類型，例如兒少數位性暴力。

■關於社會成規是否該改變的公共討論，例如已婚伴侶過年該如何處理返鄉任務。

■需要民意的法律討論，例如十八歲公民權。

■需要受到公共監督的個案，例如政治人物違法、不良道路設計、或者長得太醜的縣市吉祥物。

現代社會依然是民主社會，很多事情需要多數人民馬上花費一些注意力去關心，否則我們的稅金會白花、我們小孩的裸照會被拿去賣、我們會在遵守交通規則的情況下出車禍等等。不過，讓客人等兩小時的餐廳並不在此列，因為Google 地圖目前在這個守備範圍已經幹得不錯。

另外，我也不是在指導你、說你不該花時間讀餐廳的新聞並且參與批評。你的時間該怎麼花是你的事情，而且當你的時間浪費在閱讀餐廳新聞的時候，我的時間則浪費在遊玩十年來最偉大的遊戲《艾爾登法環》，並沒高明到哪去。

我們有機會擺脫操弄嗎？

人類的義憤之情珍貴且有價值，它只出現在有足夠複雜認知能力的動物身上，並且協助我們的祖先勉為和平共處（能做到這程度已經相當厲害）。然而，在過去協助你我和其他人共同生活的義憤之情，現在則在監控資本主義底下，被媒體利用來增加新聞點閱和互動率。

要把時間拿去做什麼，當然是你我的自由。但當媒體可以隨手挑個事件就引發你我的義憤，我們真的能自由的決定自己要做什麼嗎？

身為人類，我們不是一張張白紙，而是內建種種本能。當我們的進展趕不上環境的變化，這些本能就會走歪而產生預期之外的副作用。前面我們討論過「噁心感如何出差錯而讓我們歧視同性戀」，以及「我們如何基於復仇心去不恰當的支持死刑」。而現在我們討論人類的義憤之情被媒體用於營利，這也屬於同種例子。

為什麼學歷鄙視很蠢？

因《正義：一場思辨之旅》（*Justice: What's the Right Thing to Do?*）為人所知的的哲學家桑德爾（Michael Sandel）在《成功的反思》（*The Tyranny of Merit: What's Become of the Common Good?*）裡說明了現代社會功績主義（meritocracy）的問題：當社會用財富和地位衡量人的價值，所有人都會過得更不好。有些人覺得左派就只會鎮日痛陳弱勢辛苦，但桑德爾這本書的開場，剛好從一群有錢人的困境出發。

二〇一九年，美國爆發了大規模升學作弊案，數十人遭起訴。這些人透過升學顧問辛格（William Rick Singer），試圖讓自己的小孩進入哈佛、耶魯等頂尖大學。做為升學顧問，辛格提供的服務可不只是跟你分析管道和眉角，他還能偽造各種證書和證明、收買升學考試的監考員來竄改考試成績。在美國矚目的耶魯大學撤銷入學資格案件裡，足球教練梅雷迪思（Rudy Meredith）收了辛格一百二十萬美元，為學生的「足球專長」掛名保證。

得到梅雷迪思的掛名，就保證能上耶魯嗎？並不是。上述新聞提到，照耶魯大學的說法，在這次事件裡，受梅雷迪思捏造掛名的兩位學生當中，就有一個沒申請上（當然，申請上的那位也在事情爆發後被撤銷入學許可）。拿出數十上百萬美元，只為了增加一些入學機會，這些學生顯然來自美國超有錢家庭。

美國的有錢人已經數十輩子不愁吃穿，為什麼還得想盡辦法讓小孩上頂尖大學？顯然就算你已經超級有錢、物質充沛，要過上美好日子，還是需要一些在正當情況下「無法直接用錢買到」的事物，像是學歷帶來的地位和敬意。有錢人有有錢人的辛苦，在《我是一個媽媽，我需要柏金包！》（*Primates of Park Avenue: A Memoir*）裡，人類學家馬汀（Wednesday Martin）生動描述了紐約東區富裕人家的媽媽們如何互相鬥爭來確保家族自尊，箇中手段包括替小孩搶到正確的幼兒園名額，以便結識其他正確的幼兒及其家長。

尊嚴和意義必須競爭得來嗎？

不愁吃穿還不夠，人渴望自我提升，這沒問題，自亞里斯多德以來，「追求卓越」就是哲學家在美好人生議題上的常見看法。然而，當卓越和鄙視成為一枚銅板的正反面，那就是另一回事了。想像兩個世界，各自被不同價值觀籠罩：

零和世界

這世界有許多競賽，每種競賽都有贏家和輸家，贏家得

到地位和尊敬，輸家受到鄙視。受鄙視當然不是好事，但如果沒人輸，贏有什麼意義？如果輸家不受鄙視，怎麼能襯托贏家奪得的地位和尊敬，是吧？

多贏世界

這世界乍看之下有許多競賽，但其實不然。你看到的是許多人努力在追求自己的目標。這些追求有時候是純粹的挑戰自我，有些是多人競爭，但即使是後面這種情況，大家追求的也不是贏別人來顯得自己比人厲害，而是在競爭當中學習和激勵自己超越過去的自己，培養新的技能，獲得新的體驗。這世界的人們都各有自己專注追求的事物，但也懂得欣賞其他東西，包括不停有人發明出來的，過去從未出現的其他追求。

若你能自由選擇進入其中一個世界過活？你會怎麼選？若你偏好進入「零和世界」，你實在太有出息了，不應該浪費時間讀這本書。若你偏好進入「多贏世界」，你會發現很不幸，真實世界不是這樣。

比起「多贏」，真實世界比較接近「零和」：只要有人贏，就有人輸。是什麼造就了這樣的事實？顯然並不是因為人類努力兩千多年發展文明和科技，依然無法提供所有人足夠的物質過上舒適生活，因此大家只好競爭。

人們缺的不是物質。以當前美國來說，全國所得有將近一半流進最富有的前百分之十的人的口袋，而這些人為了讓小孩上耶魯，依然不惜犯法作弊。就算全球人類都跟這些人一樣有錢，我敢說大家依然會有滿滿的地位焦慮，而「升學顧問」則會因為顧客群大增而賺更多錢。

「價值觀革命」可能嗎？

零和世界不只展現在學歷上，也展現在外貌、年齡、收入等方方面面。學歷鄙視很蠢，因為學歷鄙視是零和世界的重要零件，讓所有人都過得更糟。零和世界和多贏世界的差別並不是物質的差別，而是精神和心態的差別，以常見事實來說，似乎人類要活得有意義和尊嚴，得把其他人踩在腳底下。這是內建在我們的基因裡，無可覆蓋的程式碼嗎？

不好說，但有兩個方向值得思考。首先，意義和尊嚴的判斷應是某種價值反應，先前我介紹過哲學家納思邦在《從噁心到同理》裡討論後天的文化和教育如何改變我們價值反應的方向。此外，腦科學家謝伯讓的《大腦簡史》也討論過人腦如何產生意識，意識如何脫離演化軌道和基因「對抗」。如果意義和尊嚴的機制來自價值觀，而價值觀可以透過意識調整，我們有機會藉由這種調整創造出多贏世界嗎？

你被詐騙，是因為你貪心，對嗎？

每當詐騙案件引起社會注目，就會有人主張：這些受騙的人就是太貪心、太愚蠢，若當初不貪不笨，就不會受騙。然而，將受騙訴諸於貪心和愚蠢，都不合理：「訴諸貪心」通常只是馬後砲，缺乏實用性，無法推論出有用的行為指引；「訴諸愚蠢」則有害正常的社會互信。

「因貪受騙」的因果分析

說人因為貪而遭致損失，這是一個「因果宣稱」，主張貪是損失的原因之一，並且也暗示一個「反事實預測」：若當初不貪，可能就不會損失。

因果宣稱和反事實預測常常成對出現，這很正常，我們人類探究因果關係，主要就是為了預測未來，幾個例子：

■沒戴口罩近距離談話，是染肺炎的原因之一／若你當

初有戴口罩，可能就不會染疫

■出門前沒檢查口袋，是忘了帶鑰匙的原因之一／若當初有檢查，可能就不會忘記帶鑰匙

■等級太低，是打不贏菁英怪物的原因之一／若當初有把等級練上來，可能就能打贏

從上述例子我們可以看見：

1 這些反事實預測都成立，並且它們可以有效幫助人了解如何避免染疫、忘記帶鑰匙和卡關。

2 我們很容易說明為什麼這些反事實預測有實用性：因為它們對應的因果宣稱成立。例如，因為沒戴口罩的近距離談話可能導致你染上肺炎，所以戴口罩或避免近距離談話能讓你遠離肺炎。

考察了這些例子，我們很容易進一步認為，當一個因果宣稱成立，跟它對應的反事實預測就會有實用性。畢竟掌握因果關係，就能預測未來，對吧？

我認為事情沒這麼簡單，讓我們從一個虛構案例說起。

「生理時鐘啟動！」來挑戰了！

「生理時鐘啟動！」是我虛構的綜藝節目遊戲，挑戰者在不看時鐘的情況下默數三十秒然後按下浮誇的紅色大按鈕，現場會顯示按按鈕時真實的秒數，若挑戰者在一至三十秒間按下按鈕，會得到跟秒數相同數量的千元大鈔，若超過三十秒才按按鈕，就只能空手回家，並且會受到主持人大肆嘲笑。

在「生理時鐘啟動！」裡，最棒的情況就是你剛好按到三十秒。若沒這麼剛好，二十九、二十八、二十七或者二十五秒也不錯。但若想按三十秒結果超過時間，那就虧大了，什麼也得不到，還會被笑。

若參賽者在「生理時鐘啟動！」裡為了按三十秒而超過時間，主持人可能會虧他，說他「太貪心」。這說法大家應該都會同意，因為相應的判斷看起來沒有什麼問題：

■因果宣稱：過於貪心，是他在「生理時鐘啟動！」遊戲裡挑戰失敗的原因之一。

■反事實預測：若他當初別這麼貪心，可能會挑戰成功。

你很難反駁這個反事實預測，特別是當你就是那個失敗者的時候。然而，對其他等待登場的挑戰者來說，就算他們把這個反事實預測放在心上、甚至刺在手掌上，這對於成功挑戰「生理時鐘啟動！」的幫助也非常有限。原因很簡單：「生理時鐘啟動！」的難點在於挑戰者不知道三十秒到來的準確瞬間，光是知道自己可能因為貪心而拖過三十秒最後空手而歸，是沒有用的。而且說到底，哪個參賽者不知道自己「可能會因為拖過三十秒而得不到任何獎金」？當你給參賽者這個建議，只是在重複大家都知道的事情而已。

「不要貪心」這種建議沒有實用性

在「生理時鐘啟動！」裡，若你缺乏準確的時間感來知道自己距離第三十秒有多遠，那光是知道「不要貪心」是沒用的。這案例讓我們知道，就算某個「因果宣稱」成立，因此相對的「反事實預測」也成立，這並不代表這個「反事實預測」有實用性，能幫助人做出正確決定，因為我們可能缺乏關鍵資訊，來從「反事實預測」推論出有用的行動指引。

這也讓我們知道，「不要貪心」這建議無助於提升「準度」。當你接受「不要貪心」的建議，或許你會把自己某些行動的數值修正得小一點（在「生理時鐘啟動！」裡比較早按按鈕、在吃到飽餐廳吃少一點），但問題在於，你並不知道這個修正會讓最終數值變得更好還是更壞，例如，這個修正過的數值確實有可能讓你按到三十秒而不是三十三秒，但也有可能害你按到二十五秒而不是二十八秒。

當然，對於已經在「生理時鐘啟動！」裡落敗的挑戰者來說，「不要貪心」看起來是很合理的建議，因為他們擺明了就是超過三十秒才按，所以數值往下修正是合理的。然而問題是，在一個挑戰的結果揭曉以前，我們根本就無法判斷眼前的挑戰者是否應該依循「不要貪心」的建議去把數值往下調整。是的，你當然可以說，對於所有超時的參賽者來說，「不要貪心」的建議都很合理，但這只是一種「倖存者偏誤」。

換句話說，對於尚未按按鈕的挑戰者來說，「不要貪心」沒有意義，而對於已經落敗的挑戰者來說，「不要貪心」只是馬後砲。說不定上一個按到二十九秒的贏家其實比下一個按到三十一秒的輸家更加貪心，只是他的時間感也更快，兩者剛好抵銷。

「生理時鐘啟動！」遊戲案例跟詐騙事件並不完全對稱，但有一些可以比較之處：

1 於挑戰失敗的人和受詐騙的人來說，確實我們都可以說，若他當初「不要貪心」，就不會有此下場。

2 然而這完全是馬後砲。若一個人急迫想賺錢，結果受詐騙，大眾會說他貪心；若一個人急迫想賺錢，結果真的掌握到了「看似很扯但是是真的」的機會，那麼他會成為成功樣版，不會被譴責貪心。若貪不貪心之間只有運氣的差別，那譴責運氣不好的人貪心並無意義[01]。

3 這種事後判斷無助於預測。若有兩個人面對內容不同但賺頭差不多的賺錢機會，在你看來兩個人同樣貪心，你無法僅用他們貪心的程度去判斷他們到底誰會真的賺到錢，誰會遭受詐騙。不管是對當事人還是其他人來說，「不要貪心」都沒有實用性，無法推論出行為指引。

4 就像「生理時鐘啟動！」的參賽者需要的不是「不要貪心」而是更準的時間感，潛在詐騙受害者需要的也不是「不要貪心」，而是正確的資訊。

當然，若你人在機場，眼前就有一個擺明受詐騙的人正要取機票，或許你會認為不管怎樣都該把他攔下來。不過就算是在這種情況，提供正確的資訊應該也比譴責他貪心還合理。而要是他不願意面對真相，相信自己真的受詐騙，對於這種防衛心理，最好的說明也不會是貪心，而可能是資訊不對等、確認性偏誤、自尊和面子。

討論完貪心，現在我們來看看愚蠢。

被騙代表你笨嗎？

許多人覺得被騙很丟臉，這是為什麼詐騙受害者往往不願意求援和報案，也是為什麼有些人會容忍自己受到「感情欺騙」。對一些人來說，受騙就跟被欺負一樣，展現出自己的弱點和不足，然而真是如此嗎？

當你被騙，通常代表你受誘導搞錯實情，並可能因此蒙受損失。若我們把「掌握實情」當成一種「認知成就」，顯示人的認知表現卓越，那搞錯實情似乎顯示相反評價。

然而，要評價一個人的認知表現，不能只看他所相信的是否符實，初步來說至少有這些考慮：

1 人很容易光靠結果來評價別人，然而有時候你只是矇對，這顯示的是運氣的表現而不是認知的表現。

2 人的認知表現除了相信，也包括不相信。如果不管如何都照單全收的人認知表現有問題，那不管如何都拒絕相信任何事情的人認知表現也有問題。多疑的人看起來比較聰明，但那只是看起來。

3 有些時候手上最合理的線索指向的方向剛好不是正確的方向。而一個人手上有哪些線索，通常並不光看你有多少認知能力，也看你有多少錢、多少心力、是否在

該議題耕耘十年等等。魔術師通常能成功騙到觀眾（以觀眾無法推測出的方式達成魔術效果），因為觀眾手上的線索全部都是魔術師安排的，你身為觀眾這件事情，註定你很難不「受騙」。人能搞對哪些事，取決於手上有哪些證據，若人手上有哪些證據取決於人的權力而非認知能力，那當人搞錯事情，就不是認知能力的包。

不要相信就好了……是嗎？

相信會吃癟，不信就不會吃癟，所以這是最終答案嗎？

恐怕不是，因為「相信非事實」會帶來損失，「不相信事實」也會。在冠狀病毒疫情期間，全球各地都有許多確診者，要是他們當初不那麼鐵齒，而是合理的相信專家對防疫的建議，就不會確診。

換個方向想，關鍵或許不在於信與不信的差別，而是在於是否「受別人影響去改變信念」。我們有能力騙人去相信某些事情，也有能力騙人去不相信某些事情，對吧？想一下詐騙集團是怎麼說服你不要打 165 的。

如何維持合作？

不過，我們也不太可能拒絕受別人影響去改變信念，因為這是文明的基礎。人類至今累積的知識、發展的技術和開創的傳統，都是無數人合作得來，若你拒絕受別人影響去改變信念，你就無法參與合作協助改善人類社會，也無法享有人類社會生產的果實。

若將人類社會視為一個大型的合作，信任人的人是高度合作者，欺騙人的人則利用其他人的合作傾向得利。如果合作的效率很重要，我們會建立監察制度，並懲罰和驅逐那些犯下重大欺騙的人。而事實上我們也是這樣做的：社會上許多資源用於防止欺騙。如果所有人都不欺騙，我們能多出許多資源，讓所有人過上更好的生活。

人能靠欺騙得利，是因為其他人願意信任彼此，成為社會裡的合作者。我們不能說信任的心態有什麼問題，因為信任帶來的合作是人類文明的基石。我們大概也無法說人總是有責任去判斷，或者總是應該要有能力去判斷誰值得信任，因為如前文所述，有時候正確的判斷仰賴運氣，而錯誤的判斷不能歸咎於認知能力。

在公領域信任合作系統而非個人

坦白說，我們在生活中實踐的多數合作，也不是源自我們有辦法辨認合作對象本身是否值得信任。你肚子餓，你打開 APP 點外送，三十分鐘後餐點送到，你請外送員放在門口就好。察覺哪裡怪怪的嗎？你並不認識外送員，不知道他是怎樣的人，而事實上若他願意，輕易就能對食物動手腳。

在這案例裡我們並不算是具體上信任個別外送員，而是普遍上信任由外送平台、店家和外送員組成的系統。而我們知道這個系統還沒有出現會危及食物安全的問題，是因為我們相信若真有這問題，自己當天早上滑手機時就會從社群網站上看到瘋傳的新聞，或者在APP上看到店家的評分下降（事實上你大概也不會真的「看到」，因為評分下降之後的店家恐怕不會出現在畫面上，就像評分下降之後的外送員恐怕不會接到單）。

同樣的，我們也不需要信任在超商幫我刷卡的個別店員，或者寄送掛號信因此能得到我印章圖案的郵差，我不需要知道他是誰、有什麼品行紀錄，我只需要有足夠線索確認超商和郵政系統尚未崩潰就行。

為什麼譴責受害者不是好主意？

當然，基於明顯的原因，上述說法比較難適用於被朋友、家人、伴侶背叛這類私領域問題。不過不管是在公領域還是私領域，我們都有一些理由不譴責受害者「未克盡認知責任」，或者軟弱或愚蠢。在本書前段，討論過「譴責受害者」的問題，現在我們可以進一步補充：

1 私領域的關係也受到社會刻板印象和社會劇本影響，在權力上有不同分配，這讓特定的操弄手段更容易成功，例如近年大家討論的 PUA。

2 大致上，「公開承認自己受害」跟吹哨有同樣功能。不管你是希望公領域有更健全的合作方案，還是希望在私領域藉由八卦掌握更合理的交際選擇，你都會希望其他人勇於吹哨。

最後，我想稍微拾人牙慧來讓這則討論有個比較正面的結尾：

心理學家康尼科娃（Maria Konnikova）研究騙術，但自己依然樂於信任別人，在《人慈》（*Humankind: A Hopeful History*）裡，歷史學家布雷格曼（Rutger Bregman）描述康尼科娃在詐騙議題上的說法：「接受並承擔你偶爾就是會被騙的現實，會好得多。那是為了享受『一輩子信任他人』這種奢華所要付出的一點小小代價。」名演員基努．李維（Keanu Reeves）曾說他「不想活在善良被視為缺點的世界」。一個「特性」是不是缺點，取決於世界實際上樣貌如何，而後面這件事情是我們可以改變的。

01── 這個看法來自葉多涵，我非常喜歡。

我講笑話你沒笑，是你沒幽默感，還是我沒幽默感？

幽默是講話機智好笑的表現，奇怪的是，比起用來要求說話者，幽默感更常用來要求聽者。講到「沒幽默感的人」，你想到的不是愛講笑話卻不好笑的人，而是聽了笑話之後不笑的人。

不考慮其他因素，面對同一幅我倆都有恰當理解的藝術品，如果我覺得很棒，你卻看出處處瑕疵，似乎代表你對藝術品味的要求比我更高。若持同樣說法，不考慮其他因素，面對同一個我倆都有恰當理解的笑話，如果我覺得很好笑，你覺得不好笑，似乎代表你的笑點比我更高。這時候，若硬要選，你應該是比我更有幽默感，而不是更沒有幽默感，不是嗎？

然而，真實世界並不是這樣運作的。如果你了解相關歷史，因此認為鄭南榕自焚的笑話不好笑[01]，可能會被說是沒幽默感。如果你身為女性，因此認為那些貶低女性的黃腔不好笑，也可能會被說是沒幽默感。在很多時候，好像不是說笑話的人有責任好笑，而是聽笑話的人有責任笑。

在二〇〇五年，湯姆・克魯斯（Tom Cruise）遇見一個惡作劇，有人假扮記者訪問他，然後用假的麥克風噴他一臉水。湯姆・克魯斯當下斥責對他惡作劇的人：「我接受你訪問，回答你問題，你卻對我做這麼糟的事情，你有夠爛！」當時許多評論認為湯姆・克魯斯的反應缺乏幽默感，顯示了一種社交缺陷。根據這種看法，當明星遇到沒禮貌的惡作劇，就算臨時想不出什麼段子來自嘲，至少也要態度和善跟著傻笑，才不失禮。從湯姆克魯斯被噴水的例子出發，文化學者史密斯（Moira Smith）認為，關於笑話的研究，長久忽視那些不笑的反應（unlaughter），這讓我們無法公平的看出，人可以用笑話和玩笑來做哪些壞事[02]。

史密斯指出，笑話的一種人際效果，是邀請聽者進入一種「幽默對談模式」（humorous discourse）。和一般對談不同，在幽默對談裡，人不需要在意自己講的東西是否符合事實且一致，甚至可以用明顯的悖離事實和矛盾來找樂子。面對笑話，如果你笑了，甚至配合開起玩笑，代表你接受這個邀約，進入幽默對談。

笑話很好笑，順著笑很開心，不過有些人認為我們不該總是順從渴望。女性主義哲學家藍騰（Rae Langton）指出，有些笑話的笑點有貶低特定族群的預設。西方世界有笑話嘲弄黑人、墨西哥人，臺灣也有笑話則嘲弄女性和原住民。面對這些笑話，捧場進入幽默對談的同時，也同意了這些對特定族群不公平的預設。（此外，在一個社會當中，「容易被笑話嘲弄」的性質並非隨機均勻分布，而是大多落在處境比較差、已經背負汙名的族群身上，這讓笑話的壞處進一步成為一種不正義的問題。）

然而，我們似乎缺乏直接明確又不會破壞氣氛的方式，來拒絕進入幽默對談。現實上，那些勇於拒絕進入幽默對談的人，常會被抱怨缺乏幽默感。當然，我們可以想像真正的幽默大師，總是能以幽默風格快速回應表達意見，並瞬間結束幽默對談，回到他想討論的嚴肅話題。幽默大師很有幽默感，這沒問題。不過，比起笑開懷的人以及雖然不情願但還是跟著笑的人，那些板著臉不笑的人卻比較容易被說是沒幽默感，這在我看來，並不公平。

給定史密斯的洞見，人應該要有拒絕進入「幽默對談」的空間。給定藍騰的想法，有時候人應該反對笑話的預設。湯姆克魯斯的案例顯示，這些空間在現實社會相當狹窄：如果你沒有配合笑話做出恰當反應，很多人會認為你缺乏幽默感，在社交上有缺陷，就算那所謂的「笑話」其實是噴水在你臉上來汙辱你。

幽默感的意思，應該是有能力逗人笑。但是，我想邀請大家在將來多考慮這個可能性：如果我講笑話你沒笑，很有可能是我沒幽默感，而不是你沒幽默感。

01—— 二〇一九年，喜劇演員曾博恩在練習表演的 open mic 場合演出這段笑話，事後內容遭人流傳到網路上，引起爭議：「我們在陽間燒的東西，在陰間都會出現一份，那陰間是不是有兩個鄭南榕？」

02——Moira Smith, 2009. "Humor, Unlaughter, and Boundary Maintenance," *The Journal of American Folklore.*

當喜劇冒犯人，該罵嗎？

假設我要你猜我郵局帳戶裡有多少錢，若你猜錯了，代表你的說法不成立，然而你並沒有真的做什麼不該做的事。假設有人私底下知道我的存款金額，並擅自公開，他的說法可能成立，但並不恰當，因為侵犯隱私。

一句話要出問題，至少有兩種方式：這句話不成立，或者這句話不恰當。不成立指的是說法在內容上不符合事實或價值，不恰當指的是說法在效果上傷害了人的利益、禮節、社會規則或道德。成不成立、恰不恰當，都有很多表現種類，例如：

小傲：今天輪你倒垃圾喔。

千千：選舉的祕訣就是，票多的贏，票少的輸。

千千的說法成立，而且根本就是恆真的廢話，但是並不恰當，因為牛頭不對馬嘴，侵犯了溝通規則。

小傲：我覺得我頭髮剪壞了。

千千：（忍住不笑死）不會呀我覺得剪得很正常。

千千的說法很有禮貌，但不成立，因為沒有正確描述千千對髮型的看法。

一句話成立，不代表什麼時候說這句話都會恰當。倫理學上有個「效益論者投票悖論」，大致是說，如果你是追求「最大多數人的最大利益」的效益論者，生存在民主社會，你會決定不去投票，因為你的一票起作用的機會小到不值得你花成本出門。身為效益論者，你當然也知道同樣想法適用於其他人，不過你不會到處講，因為這個社會還是需要有人去投票。「基於效益論，我不該投票」這句話對你來說成立，但要大肆張揚，則不恰當。

帶著上述分析回到笑話。當我們說一個段子不 OK，一樣可能有兩種意思：

■不成立：我認為這個段子在內容上傳達的寓意不符事實或價值。

■不恰當：我認為這個段子在效果上傷害了某些利益、禮儀、社會規則或道德。

如果你同意段子能傳達寓意，例如讚揚、貶低、反諷時事，那你可能很難反對：對於每個聽眾而言，段子的寓意有成不成立之分。而我們也很難反對：有些段子在結果上比較會傷害某些利益、禮儀、社會規則或道德，有些段子比較不會。值得注意的是，會構成傷害的段子，不見得比較差，有時候人講笑話，就是為了傷害該傷害的東西，像是權威、主流觀點，或是那些認為同性戀不正常的人。

玩笑有可能在「寓意成立與否」上有問題，也可能在「效果恰當與否」上有問題，這些問題都可能引來批評。有些人認為喜劇表演只是表演或開玩笑，應該免疫於這些批評，我並不同意。

❶開玩笑不是來真的

有種說法主張，開玩笑是假的，不能認真看待。

我同意開玩笑不是平鋪直述講話，當我開玩笑而你聽懂，代表我沒有照字面意義認真說話，而且你也知道這件事。我相信這是玩笑好笑的必要條件，如果一個人總是認為你是照字面意義認真說話，你很難成功讓他理解你的玩笑，例如情境喜劇《宅男行不行》（The Big Bang Theory）裡的角色謝爾頓．庫珀（Sheldon Cooper）。

有些人因此認為，玩笑不該受到批評。如果我開玩笑說「對付眼鏡蛇的方法就是打爆他的眼鏡」，你批評我說「你是笨蛋嗎眼鏡蛇沒有眼鏡」，這批評不成立，因為我並不認為眼鏡蛇有眼鏡，我只是沒有成功讓你知道我在開玩笑。

然而，開玩笑不是平鋪直述講話，不代表開玩笑無法有寓意。反諷也不是直述講話，反諷可以有寓意。想像有些人不同意這篇文章的看法，因此諷刺我「阿念哲學不就好棒棒，搞這些分析咧」，這時他們不是平鋪直述講話，但也不妨礙你懂他們在講什麼。

確實，有些無厘頭笑話沒什麼有意義的寓意，像是「小時候，我最喜歡玩捉迷藏，等別人藏好了，我就回家吃飯」。不過，有些玩笑必須要掌握甚至同意寓意才會好笑。美國作家塞克絲（Wanda Sykes）有個以同志為主題的喜劇段子，在網路上廣為流傳，藉由比較「黑人」和「同志」兩個身分的關連，塞克絲成功製造出笑點，下面是一些整理過的段落：

「同志比黑人辛苦，因為，身為同志，需要面對很多黑人不需要面對的問題。例如：黑人不需要出櫃。」接著，塞克絲虛構一段家長和小孩的對話，來演示「假如黑人真的需要出櫃……」：

黑皮膚的小孩：沒錯，我是黑人。

媽媽：我的天哪。

媽媽：我知道了，一定是因為你成天跟那些黑人鬼混，最後他們搞得你認為自己也是黑人（比劃）。

後面這笑點顯然是在諷刺一些反同者的說法，若你不認為那些反同說法很荒謬，恐怕就不會覺得這個笑點好笑。然而，那些反同說法真的很荒謬嗎？思索這個問題，就是在思索那些說法能多大程度成立。假設我們最後發現，塞克絲諷刺的一些反同說法其實並不荒謬，我們可能得承認，當初自己覺塞克絲這段表演好笑，是因為我們搞錯了一些事。

以上，玩笑並不全然免疫於成立與否的批評，因為玩笑可以有寓意，寓意有成立與否的差別。

玩笑也不全然免疫於恰當與否的批評。當然，有時候同樣一句話，以玩笑方式出現會比較恰當，例如如果你對我說：「你跳舞比你做哲學厲害多了。」那你最好只是在開玩笑。但這是因為當一個句子以玩笑形式出現，意思會改變，這並不代表所有玩笑都恰當。

反過來說，有些句子若是在開玩笑，反而會很不恰當。手術失敗了，醫生說：「抱歉，我們已經盡了最大的努力。」這發言令人難過但恰當。手術成功了，醫生走出手術室，對焦急的家屬開玩笑說：「抱歉，我們已經盡了最大的努力（憋笑）。」那這醫生可能會被投訴。

玩笑形式會改變句子的寓意，其他條件和調整也會。保險套品牌杜蕾斯某年發布了父親節廣告，簡單的兩行字：

祝其他牌子保險套的使用者
父親節快樂

你得看懂這個笑話的寓意才會覺得它好笑：其他牌子的保險套容易破。

同樣是父親節祝福，在二〇一九年，親民黨發布了一張賀圖，上面有破掉的保險套，文案是：

在情人節這一天
祝大家父親節快樂
解決少子化從自己開始

這個笑話對我來說不好笑，不過硬要講的話，寓意之一應該是：保險套破掉可以舒緩少子化問題。在親民黨的粉絲頁，有些人留言覺得這樣很噁心，好像在說弄破保險套是少子化問題的解決方案。

親民黨跟杜蕾斯的笑話都跟保險套破掉有關，但寓意不同。親民黨的圖片把保險套破掉表現成好事，而你得把保險套破掉理解成壞事，才能讀懂杜蕾斯的廣告。這寓意內建的好壞之分，也是品味和常識之分。保險套破掉可能帶來大麻煩，我會說杜蕾斯是黑色幽默，親民黨是噁心。

條件不同，寓意也會不同。如塞克絲把他的表演改成調侃支持同性婚姻的人，你一定會看得出來，並且可能因此生氣。非裔講跟黑人身分有關的笑話，更容易被理解成反諷，因此不會受到指責，這也是條件改變了因此寓意連帶改變的例子。

❷喜劇演員是演員，講的事情不代表個人意見

有種說法是說，喜劇表演是演的，講的是假的，不該認真看待。你不能因為徐錦江演鰲拜，就說他是壞人。

然而，就算不談喜劇表演，即便是一般戲劇的演員，在可以合理預見的範圍內，也需要為自己演的東西造成的結果負責。反同廣告說同性戀都有愛滋病，裡面的演員能說「那只是演的，我也不同意那些說法」嗎？二十世紀若有印刷商知情自願幫納粹印傳單，他們能說「我只是印東西的，我也不同意那些說法」嗎？假設《鹿鼎記》裡的一些劇情會散布

歧視或仇恨的價值觀，或者會促發暴力行為，並且這些結果可以合理預見，那劇組也難辭其咎。

在現代臺灣，戲劇演員和喜劇演員都不會因為演出歧視內容受法律處罰，但他們（以及其他決定這些內容的創作者）不該因此免於成立性的批評和恰當性的批評。比起一般演員，喜劇演員參與內容製作和把關更深，也有更多即興，理當為內容負更多責任。假設我知道我或我的寫手寫的笑話會冒犯弱勢族群、強化不友善氛圍、強化不公平的刻板印象、強化對事實的錯誤描述，但我還是站上台講了，我理當應該為自己說的話負責。

當然，許多歧視隱於意識之外，沒有人有辦法察覺自己所有的不公平刻板印象，但至少我們可以在事後透過別人的批評來學習，考慮到這一點，我們就更不能說，因為喜劇是演的，所以內容不該受到批評。

最後，假設有個超級好的論證，能成功切割演員和角色，說明演員不需要為角色的發言負責。即便如此，也不代表我們不能批評劇中發言，因為我們可以把他當成「角色」的發言來批評。徐錦江不是壞人，鰲拜是。就算喜劇演員沒有歧視，他演的角色依然可以有。

3 諷刺喜劇本來就百無禁忌

有種說法是說，喜劇旨在挑戰權威和政治正確，說喜劇政治不正確，這是沒搞懂喜劇在幹嘛。

首先，如果一個段子是在挑戰權威或政治正確，那代表它的寓意包含一些道德命題，可說明權威或特定政治正確說法有什麼問題。若是這樣，我們自然可以討論這些道德命題能否合理成立，並在這些命題有問題的時候指出來。言論對社會的價值之一，就是藉由互相交鋒來交流資訊和價值觀。喜劇批評政治，若規定喜劇自身不能被批評，這是在減損喜劇在討論上的價值。有些人認為，喜劇的一種社會價值是引發大家對社會議題的興趣和討論。如果喜劇的內容不能受到批評，這種價值也會減損。

再者，許多諷刺喜劇演員在表演裡批評權威，因此得到肯定。這些肯定裡，有許多是在說，喜劇表達的道德命題能夠合理成立。面對這些肯定，喜劇演員不會因為「這是喜劇，喜劇免疫於評論」而拒絕接受。考慮到上述，面對不同意見者的否定，喜劇演員也不應該說「這是喜劇，喜劇免疫於評論」。如果表演者欣然接受自己的表演因為批評中國而得到讚賞，就不能拒絕自己的表演因為肯定納粹、歧視女性或喜憨兒而受到批評。表演者不能只要好的不要壞的。

如果喜劇免疫於批評，那假設有個喜劇表演，不但歧視同志，而且還有傳遞誇大不實資訊的效果，在這種情況下，如果我們依然不該批評，那到底該怎麼做才對呢？

最後，若你堅持喜劇不能受批評，反而會挖空喜劇活動的一些重要環節。例如，在用來嘗試新段子、蒐集意見的練習活動裡，如果表演者因為深信喜劇不能受批評，忽視觀眾提供的關於成立性和恰當性的意見，那他會錯失這類練習活動的一些功能。

考慮上述這些，「喜劇百無禁忌」的意思應該理解成「喜劇不該受到法律限制」，而不是「喜劇不該受到批評」。否則，難道喜劇百無禁忌，對喜劇的評論卻得處處受制於禁忌嗎？

4 笑話不冒犯人就不好笑

有種說法是，笑話不該因為冒犯人被批評，因為所有笑話都難免冒犯人。討論這議題最直接的方法就是舉例。我看起來，下述這些笑點至少在現代臺灣社會並不冒犯人：

1 家長跟小孩說，跟初次見面的人約會吃飯，若怕沒話題，可以先聊食物，再聊家人，最後聊哲學。

到了餐廳，小孩：「你喜歡吃草莓嗎？」對方：「不喜歡。」

小孩：「那你有哥哥嗎？」對方：「沒有。」

吃的和家人的話題進展都不是很順利，小孩想說好吧那接下來試試哲學，於是他開口：「如果你有哥哥，他會喜歡吃草莓嗎？」

2 志彬家附近的沼澤是有名的鱷魚棲地。志彬的表親來訪，問說：「如果晚上拿著手電筒，真的就不會被鱷魚咬嗎？」志彬：「那要看你晚上拿著手電筒可以跑多快。」

3 獨孤求敗終於失敗了，請問他這樣算是成功，還是失敗[01]？

4 對付眼鏡蛇的方法，就是打爆他的眼鏡（揮拳）。

當然，社會會改變，若有一天約會被視為道德淪喪之舉，上面這個草莓笑話就會冒犯到那些不支持約會的人，因為這個笑話預設了約會是好事、值得好好計畫和準備。但就算這樣，你還是可以把它改成其他版本，因為這個笑話的笑點來自最後那個很難理解的假設性問題，而不是約會本身。

同樣的情況也發生在其他笑點身上。先前提過，曾有喜劇演員創作鄭南榕自焚的笑話，引發爭議：「如果燒掉的東西會出現在陰間，那現在陰間是不是有兩個鄭南榕？」。觀察社會反應，這個笑話的爭議來自兩處：

1 用鄭南榕為言論自由自焚的例子當成笑點。

2「人死了會去陰間，東西燒掉也會去陰間，如果人燒掉，會不會變成兩個出現在陰間？」嘲弄民間信仰。

當然，有爭議不代表有道德問題，有時候諷刺喜劇為了批評社會的不正義，反而需要引發爭議。怎樣的笑話會有道德問題，需要另文討論。在這裡，我們先討論操作的議題：怎樣修改能避開爭議。

若要避開1，或許可以像我的一個朋友把例子換掉：「奶奶去世火化了，以後我也死了去陰間，會不會有兩個奶奶，餵我雙倍的東西吃？」這個版本跟自焚悲劇無關，還附送一個被長輩餵食的笑點。若要舒緩2，可能要讓民間信仰在笑話裡以更正面的角色出現，並且科普一下以免誤導。

我們有機會改寫笑話避開爭議，因為有些笑點不內建爭議。那，有沒有哪些笑點內建爭議呢？其實也有，例如針對政治人物韓國瑜，同時貶低喜憨兒的「喜韓兒」笑話。嘲弄弱勢容易好笑，所以有些笑話的笑點跟爭議來自同一處。雖然不在本文討論之列，不過這類笑話也因此比較容易有道德疑慮。

如果一個人想避開爭議，他得避開上面這些笑點或多加補充，這會讓他寫笑話時受到更多限制，如果寫笑話是他的工作，他可能會因此覺得很麻煩。我不確定，不過或許有些幽默作家、喜劇演員同意類似這樣的想法：嘲弄弱勢容易好笑，所以容易發展笑話，然而如果我真的很厲害，我應該去挑戰其他更需要創意的笑話。有點類似於，我相信有些搞笑藝人和寫笑話的人之所以會迴避屎尿笑點，不只是因為這類笑點缺乏品味，也因為它們缺乏挑戰性。

喜劇的言論自由來自開放評論

前面回應了一些認為喜劇不能受批評的說法，接下來我想提供一個正面的論點，主張喜劇的言論自由，部分是建立在「能受批評」上面。

法律和哲學方面的言論自由議題，主要討論如何避免政府侵害人民的話語權。子議題和爭議有很多，不過關於解決方案，粗略來說最主要的就兩個：對抗不 OK 的言論，如果不靠法律來限制，就是靠更多言論來反擊。「更多言論」論點，是擁護言論自由，反對管制性法案的常見論點。反過來說，如果社會對於「歧視、仇恨言論會有效受到更多言論抵抗」的自信不夠，就可能發展反歧視法，來限制言論自由。可以想一下德國面對法西斯言論的情況。

因此，如果要支持藝術的言論自由，就該支持藝術能受批評，來維持言論市場均衡。如果某種藝術本質上無法受到道德批評，那這種藝術的言論自由的正當性也會下降。

01—— 這三個笑話來自湯瑪斯．凱瑟卡（Thomas Cathcart）& 丹尼爾．克萊恩（Daniel Klein），二〇一八年，《哲學不該正經學》（*Plato and a Platypus Walk into a Bar: Understanding Philosophy Through Jokes*），李茲文化出版，鄭煥昇譯。

?

啥

CHAPTER ③

有些問題沒人在乎

笑話需要優越感嗎？

笑話為什麼好笑？一種直接的答案是：笑話讓我們感覺優越，發出得意的笑。在《對話錄》的〈菲力帕斯篇〉，柏拉圖藉由蘇格拉底的嘴討論過這件事：

蘇格拉底：他們這種無知，難道不是一種不幸嗎？

普羅塔克斯：是不幸沒錯。

蘇格拉底：在嘲笑這種不幸時，我們感受到愉悅還是痛苦呢？

普羅塔克斯：當然是感受到愉悅。

蘇格拉底：要是他們的不幸讓你感到愉悅，這難道不是出於一種嫉妒嗎？

依照柏拉圖的說法，我們能夠幽默取樂，是因為我們在一時之間把自己看得比別人更讚，我們可以把這稱為幽默的「優越論」。

優越論看起來很有說服力，因為：

■優越真的會令人發笑：克服困難、戰勝強敵、眼見人樓塌了，當你優越你還真的會發笑。就算你因為社會化程度不錯而沒有真的笑出來，光是你需要克制自己不笑，也反過來佐證了這一點。

■佐證案例滿地都是：多數笑話裡面都有顯而易見比你更不優越的元素，而各種劣勢刻板印象也常成為笑話材料：「女人情緒化不理性」、「客家人小氣」、「原住民愛喝酒」等等。若你進行語言學或人類學研究，蒐集一個社會通行的笑話，應該會發現針對弱勢群體的笑話遠多於針對優勢群體的笑話。

在《怪咖心理學》（*Quirkology : How We Discover The Big Truths In Small Things*）裡，心理學家韋斯曼（Richard Wiseman）介紹了一些研究，顯示優越感跟發笑有相關性，例如：

■同樣是踩到香蕉皮跌倒的情景，當主角從障礙者換成開罰單的警察，事情就變得更好笑，因為當你看到更有權力的人跌倒，你感到的優越感會更強。

■這也可以說明，為什麼許多笑話是在嘲諷當權者。

有些人可能不太喜歡優越論，因為在優越論的描述裡，當你因為幽默感而發笑，這同時彰顯了你心智中的負面性質，包括幸災樂禍和嫉妒。若「因人遭難而感到愉悅」是享受笑點的必要條件，那麼你不但得具備幽默感，還得缺乏同理心。

笑話需要優越感嗎？

在《牛津通識課：幽默》（*Humour: A Very Short Introduction*）的第一章，哲學家卡羅（Noël Carroll）討論優越論的一些困難：

■發笑不需要幽默感：有些小小孩是笑聲機器，吐個舌頭他都能笑，但小孩有足夠的認知能力去產生優越感嗎？如果沒有的話，那發笑顯然不需要優越感。

■有些笑話並沒把別人展現得比你劣等：有些笑話令人發笑是因為無厘頭，例如純粹的諧音笑話，像是「牆頭草，床尾合」：這是「牆頭草，兩邊倒」和「床頭吵，床尾合」的合體版本，讀起來毫無道理，純粹靠句型和發音的相似趣味來引人發笑。

■自嘲是有效的幽默：不管自嘲是不是最高級的喜劇形式，自嘲都是有效的喜劇形式。優越論能說明自嘲嗎？或許我們可以說：當一個人自嘲，他將自己置於比較低劣的位置，讓觀眾享受優越。但若此說法為真，自嘲者便無法享受自己的自嘲（因為他並沒比自己更優越），而這顯然不合理。當一個人人講完自嘲笑話之後，跟觀眾一起哈哈大笑，你應該不會認為這些笑聲是裝出來的。

■我們會因為自己太蠢而笑：假設你上班快遲到了，氣喘吁吁的趕上公車，拿手機想確認時間，口袋裡掏出來的卻是電視遙控器。如果這時候你笑出來，一般應該會認為你還滿有幽默感的，但你的笑顯然不是在笑其他比你劣等的人。

■我們會因為別人比自己優越而笑：我曾經觀看一個特技演員團隊的紀錄片，他們的強項是武打電影。紀錄片裡有一段，在一個連續爆炸的場景裡，演員連滾帶爬的脫逃，隨後分享者說明：「特效很貴，因為我們要省錢，所以這些爆炸都是真的炸藥。」如果你在這一段笑出來，顯然不是因為你認出了其他人的低劣，而是因為你認出了其他人的卓越。同樣的道理，許多特技表演的笑點，也都是設計在表演者最能展現技術、知識和勇氣的一刻，當這些笑點引發爆笑，不太可能是因為觀眾感到自己比表演者更厲害。

優越論者能說什麼呢？

當然，優越論者或許有些反駁能說。以諧音梗的例子來說：「當我們認出諧音笑話而發笑，難道不是因為我們覺得自己聰明到可以認出諧音嗎？至少某些人是認不出來的。」

若這說法合理，那更難的諧音梗應該會被大家認為更好笑，或者更值得笑。但情況多半相反，大家會覺得這些諧音梗過於牽強，不有趣。例如，你可以挑戰看看這個諧音梗：

看圖猜成語，圖中是一個年長女性站在馬路中間，背對鏡頭，背上背著飲水機用的十二公升桶裝水。

謎底是「背水姨站」，若你猜得出來，應該真的會覺得自己挺厲害的（至少我是猜不出來），但你八成不會笑。

此外，也可以反過來思考：如果某個中文諧音梗非常直白簡單，所有使用中文的人都認得出來，那這個梗會因為簡單到無法帶來優越感，而變得不好笑嗎？

難以否認，許多笑話都需要人領悟，或者「想通」，如果沒想通，你就不知道哪裡好笑，別人會說你「沒有 get 到笑點」。但若真如上述所說，光是「想通」都可以算是帶來了優越感，那優越論的門檻可能會過低而失去意義。要說一個「想通」的人體驗到優越感，或許還不如說他體驗到某種獲得知識的樂趣，畢竟，你不需要是個追求優越的人，也能因為把事情想通而感到快樂。

對於優越論，有些人非常買單，並且因此認為，若你要搞笑，那勢必得要嘲笑某些人，有些人進一步認為，因此所有笑話都必然冒犯某些人。我一直認為這些人太早放棄了。當你不介意冒犯人，自然沒動力去探尋不冒犯人的笑話和幽默經驗。

「在原理上，笑話會好笑就是因為能引發優越感，所有笑話都得要呈現某些人的低劣，所有笑話都冒犯人，換句話說，就算我這個笑話冒犯人，那也很正常。」這說法能讓一些人心安理得，但不見得為真。目前學界對於幽默理論的討論還在持續中，或許真有哪一天，我們會發現優越論符合事實，或者能說明某些現象，但這得要是基於概念或經驗證據，不能基於某些人想要為自己的冒犯辯護。

如何面對難纏的懷疑論者？

懷疑論（skepticism）是哲學領域的一種挑戰，懷疑論者抬高知識門檻，來測試我們對認知的理解，並考驗理論的根基和人類的創意，像是：

你以為存在的世界其實不存在，你只是一粒泡在培養皿裡的大腦，你感知的一切，包括這篇文章，都是邪惡科學家透過神經電子訊號為你營造的幻象。

Q 我們怎麼知道自己是處於上述處境，還是生活在真實的世界？

懷疑論的爭論很難纏，因為日常使用的一般前提和推論方式，在這類爭論裡常常不管用，我們面前的知識門檻太高，光憑它們跳不過去。如果不能「眼見為憑」，那桌上真的有一杯水嗎？我還真的不知道。如果我腦子裡計算數學的過程可能受惡魔操控，那一加一是不是真的等於二？我還真的不知道。

值得注意的是，這種懷疑論口味的思考，不只出現在哲學討論裡。就算是在日常或社會議題討論裡，也可能有人會為了贏得爭論或避免質疑，把別人的舉證責任堆高到不尋常的程度，像是：

梅子：誰叫你先打我！

小花：我什麼時候打你？幾點幾分幾秒啊你說！

或者：

水瓶：同性婚姻通過之後，如果社會崩解怎麼辦？

泥泥：為什麼會社會崩解？法國和加拿大都有同性婚姻，也沒怎樣啊。

水瓶：他們沒事不代表臺灣會沒事啊，你能掛保證嗎？

當然，這類懷疑論口味的爭論方式，跟學術哲學上的懷疑論並不相同，這些爭論者爭論的通常是個案，並且沒有心理準備用一樣嚴格的判準來面對其他事情。不過光就「抬高知識門檻／堆高舉證責任」來說，兩者還是可以一起比較。

如果這種懷疑論口味的思考讓你困擾，有一些掙扎方向可以考慮。

舉證責任也有舉證責任

抬高知識門檻，看起來相當謹慎，但很多時候特定方向的謹慎既不必要也無意義。就算一件事情真的有發生，我們通常也不會知道事情發生在幾分幾秒，而「掛保證壞事不會發生」也不是可靠的舉證方法，若光靠發誓就能回應懷疑論，這個學術戰場就不會纏鬥數千年。

反思這些爭辯方式，會發現我們在面對不同意見時，很容易覺得只要一直把舉證責任往別人身上堆，就可以說明自己是正確的。我們容易忘記：當自己指出「有個舉證責任對方該負但還沒負」，這本身也需要舉證。這並不是說我們一旦參與論辯就會變得充滿惡意，而是說「動機式推理」是人類常見的認知模式：我們普遍傾向於對自己的立場寬鬆，對別人的說法嚴厲，並且在思考時優先為自己找證據，為別人找漏洞。

或許我們可以把論辯理解成一場負舉證責任的比賽，但即便如此，如果雙方都能不斷替對手製造應盡而未盡的舉證責任，反而會讓比賽失去意義，想像一下：如果一場賽跑當中，每個選手都能不斷把其他人的終點線往後挪，那會怎樣呢？

要把終點線往後挪，需要好理由，要增加對手的舉證責任，也需要好理由。要說明一件事情有發生，人需要能說明這件事情發生的時間，並且精確到秒數嗎？要說明一件事情不會發生，「掛保證」有意義嗎？檢查這些說法背後的理由，能讓我們就提出更好的說法，讓討論更有建設性，引出對說方有幫助的論點。

懷疑論的認知門檻好用嗎？

不管你懷疑的是外在世界的存在，還是蔡英文的博士論文的存在，任何懷疑論都不只是一個特定的懷疑，而是一個特定的認知門檻。如果把懷疑論當成一個特定的懷疑，我們會很容易認為舉證責任純然在懷疑論者的對手身上，而懷疑論者只要不斷提高門檻，就能獲勝。然而這種比賽會相當片面且無意義，如果我無法證明桌上的水杯存在，是因為我的對手把舉證責任堆高到超乎人類一般生活所需，那這整件事情說明的應該是這套認知門檻其實不好用，而不是我對桌上的水杯認知有問題。

面對懷疑論口味的思考或爭論方式，我們應該要意識到它們不只是在提出對於特定事情的懷疑，而且還是在主張一個特定的認知門檻。這讓我們更有機會避免討論過程成為純然的舉證責任堆高大賽，也可以開始比較各種不同的認知門檻之間的差異和優劣，讓討論更有意義。

在學術哲學領域，高於一般生活所需的認知門檻有時候依然有意義，它們引出了各種有趣的論證，並進一步促成理論進展，例如笛卡兒的「我思故我在」成為支持心物二元論的有力論證。另一方面，在日常生活領域，各種懷疑論口味的認知門檻有多少意義，則仰賴提出這些門檻的人的說明，尤其是，他們願意把這些認知門檻普遍應用到當下議題之外的地方嗎？

最後，做為一個趣味（大概吧）的結尾，我想指出在懷疑論這議題上強推哲學討論特別會出現的一個副作用。

如果你喜歡哲學探究，你可以自願設定認知門檻，測試自己的能耐。「有沒有可能，我認知到的真實世界，其實只是幻覺？」這個問題本身並無問題，只要它對你來說有趣或有意義就行。

不過另一方面，邀請別人一起討論哲學就是另一回事了，身為哲學研究者，若有人主張我們並不知道外在世界存在，纏著我要我挑戰這個主張，若我感到真的很煩，我該怎麼辦呢？

其實轉身離開就行了：若我真的不知道外在世界是否存在，那麼，我為什麼要回答一個我不知道是否存在的人的逼問呢？

畢竟，要面對難纏的懷疑論者，難纏的懷疑論者得先要存在才行。

若作者已死，藝術品還有正確的「擺法」嗎？

荷蘭抽象藝術家蒙德里安（Piet Mondrian）的作品《紐約市 I》（*New York City I*）自一九四五年起公開展出，後來有藝術史家指出，七十幾年來這幅畫似乎都被掛顛倒了。

《紐約市 I》，以紅、黃、黑三色線條構成紐約市的抽象景色。照《衛報》（*The Guardian*）二〇二二年的報導，藝術史家邁耶爾—畢澤（Susanne Meyer-Büser）比對了蒙德里安工作室的照片，認為不管是一九四五年起在紐約當代藝術館還是稍後在德國北萊茵—威斯伐倫藝術品收藏館（Kunstsammlung Nordrhein-Westfalen）的展出，都把這幅畫給掛顛倒了。邁耶爾－畢澤認為，蒙德里安應該是照一般常見做法，把畫布擺正了來作畫，因此畫作當中比較綿密的水平線條應該是安排在上方，或許代表紐約的黑夜，而這也可以說明為什麼有幾條垂直的黃線沒有真的接到畫作底部[01]。

紐約當代藝術館不是唯一搞錯藝術品擺法的單位。二〇二二年，藝術家歐立婷的雕塑《之間 VI》也被宜蘭縣政府文化局倒著放，不管是實際展出，還是在相關畫冊的照片裡，都是顛倒的。作者提出抗議，而文化局則道歉並提出補償方案[02]。

藝術品有正確的「擺法」嗎？

藝術品的擺法重要，因為擺法決定觀看方式。當蒙德里安的《紐約市 I》被正著看和反著看，會得出不一樣的詮釋，歐立婷的《之間 VI》也一樣。

在藝術詮釋之外，以所有權來說，作品屬於作者，作者當然有權決定要如何展示。不過可能有人會問：若假設先不論權利，純粹以藝術詮釋的角度來思考，不是有所謂「作者已死」的說法嗎？關於別人如何解讀作品，並依照這樣的解讀去展示作品，除了所有權之外，作者還有其他置喙餘地嗎？若依照「作者已死」的看法，作者的意見在我們詮釋藝術品時沒有獨特的權威地位，那作者的意見在我們「擺放」藝術品時，該有獨特的權威地位嗎？

我相信是有的。當中的眉角在於：或許對於作品的詮釋是自由的，但我們初步來說該如何體驗作品，這並非完全自由，詮釋和體驗是兩回事。

在「作者已死」觀念下，一個藝術品該如何詮釋，並沒有來自作者的標準答案，這背後的想法是藉由大家的詮釋和討論來將藝術價值最大化，畢竟讀者有可能看出作者意圖之外的好詮釋。

然而，就算在「詮釋」上並不是作者說了算，也不代表你可以隨心所欲決定自己如何「體驗」藝術品。體驗小說的方式通常是照順序閱讀文字，而不是把書放在手上感受重量，或者從最後一頁讀起；體驗畫作的方式是站在恰當距離觀看，而不是用舔的。

要是你堅持，當然「可以」用各種你有本事辦到的方法跟藝術品互動。不過至少如此一來，你就不能表現得像是自己依循了「一般方式」體驗過藝術品一樣，想像一下這些錯誤示範：

- **大明：我讀過《哈利波特》小說（意思是說他大聲念過書名）**
- **望望：我看過電影《讓子彈飛》（意思是說他看網友提到過，而且認得相關迷因梗圖）**
- **小菜：我觀賞過舞臺劇《Q：歌舞伎之夜》（意思是說他買票進場，但戴著眼罩和播放搖滾樂的降噪耳機）**

在某意義上，這些做法都有可能促成有趣的藝術體驗（或者本身可以是一種行動藝術），不過如果對你來說這些就算是讀過小說、看過電影和舞臺劇，那你大概很難跟其他人討論觀賞藝術的心得，因為你們使用相關詞彙的方式完全不同。

藝術品「規定」了你如何體驗

在〈The right way to play a game〉這篇論文裡，哲學

家阮（C. Thi Nguyen）指出每樣藝術品都伴隨著一定規範（prescription），初步指引我們該如何對待此藝術品，例如：

- **畫作：用看的，不把重點放在作品的立體特性**
- **雕塑：用看的，把立體特性列為重點，一般不能碰觸**
- **互動藝術品：把立體特性列為重點，可以碰觸和操作**

如何體驗藝術品，這是有跡可循的，同樣一個東西，若用好幾個不同方式體驗，它會成為好幾個互不相同的藝術品：同樣一疊裝訂好的紙可以是書，用來照順序翻閱；也可以是雕塑，以特定方式擺放，只能看不能摸；或者也可以是互動藝術，倒著貼死在天花板上，參觀美術館的人得要爬上梯子，仰著頭來體驗「獲得知識的辛苦」。

誰來決定藝術品該如何體驗呢？自然是藝術家。想像一下，若一本經典小說在書展參展，結果被策展人安排如同上述一般貼在天花板上，這時候若你爬上梯子，仰著頭辛苦的讀完了小說某個段落，你體會的並不完全是小說家的作品（一個故事），而是策展人的作品（一個包含上梯子、閱讀文字和肩頸酸痛的體驗）。

即便作者已死，因此作者對於該如何詮釋藝術品無從置喙，但藝術家依然能夠決定你應該依循哪些規則去體驗作品，不是基於藝術家有什麼價值或道德上的權力，而是基於藝術本身的概念特性：當你依循了某個人意圖的方式去體驗某作品，他就成為了你體驗的那個藝術品的作者，而你體驗的藝術品則成為了他意圖的那種藝術品。

01——Philip Oltermann,2022. "Mondrian painting has been hanging upside down for 75 years," *The Guardian.*
02—— 蔡昀容，二〇二二。〈連照片都拍反！宜蘭獎優選作品「倒著放」 藝術家錯愕〉，《自由時報》。

連橡皮擦都有存在的意義，那我們人類呢？

生命意義的問題難回答，在我看來，其中一種原因是歧義。「意義」是常見詞彙，有很多種意思，而且當中有一種意思本身就是在討論意思：

大門：「怠慢」的意義是什麼？

丁丁：指你的行為不夠用心，因此對人不禮貌，或者在工作上不周全。

「意義」的第二種意思接近於「效果」或「目的」：

丁丁：都已經確定買不到票了，你現在對自己生氣有什麼意義？

大門：對自己生氣沒辦法改變沒買到票的事實，但或許可以讓我記住這件事，下次提早準備[01]。

丁丁觀察到一個行為，但看不出這個行為的效果，這不尋常，因為人的行為應該多半有值得追求的效果，「意義」這個詞彙讓丁丁能問出正確的問題，得到有用且可理解的答案。當然，也有可能丁丁的猜測是對的，大門的行為真的毫無道理，在這種情況下丁丁的問題可能會激怒大門，不過應該歸咎於人品，而不是歸咎於概念增加了你的表達能力：

丁丁：已經確定買不到票了，你現在對自己生氣有什麼意義？

大門：對，我沒法控制自己買到票，也沒法控制自己不生氣，謝謝你提醒我。

當一個行為有值得達成的效果，我們也可以描述說這行為有個目的。對自己生氣的目的是讓自己別犯同樣的錯，把樹枝削尖的目的是把魚串起來烤。在後面這種情況，你可以想像「意義」這個概念的適用範圍從「行為」延伸到「行為的產品」：削尖的樹枝存在的意義是什麼？是讓我們容易烤魚。

值得注意的是，這時候相關的概念是一整套的。我們可以說削尖樹枝存在的「意義」是方便烤魚，也可以說這是我們製造出削尖樹枝的「目的」，或者說這是它存在的「理由」，或者使它得以存在的「原因」。

這一整套說法適用於大部分人造物（artifact），包括橡皮擦、杯子、PS5，以及像《星夜》這樣的藝術品。藉由意義、目的、理由、原因這些概念，我們可以說明人造物為何存在，也可以用來評價人造物的好壞。以一般用途來說，會在白紙上留下汙痕的橡皮擦不是好橡皮擦，因為這跟橡皮擦存在的意義抵觸（也就是說，跟我們製造橡皮擦的理由、期待橡皮擦達成的目的、橡皮擦存在的原因牴觸）。當然，這並不是說人類對於一個東西的意義、目的、理由、原因隨時都有共識，也不是在說橡皮擦這類人造物有其獨立於人類願望的本質，而是說這組概念可以讓我們很方便思考和溝通彼此想幹嘛、在幹嘛。

那人呢？人的生命有意義嗎？

多數人可以無痛接受橡皮擦有存在的意義，因為如此預設讓我們可以方便討論橡皮擦、評價橡皮擦，而且你很難否認這個事實：橡皮擦就是人類基於特定目標製造出來的。然而，這種意義的適用範圍能超越人造物，覆蓋到製造東西的人身上嗎？

橡皮擦的存在有意義，因為橡皮擦是人基於特定目的製造出來的，那人呢？從這個問法，我們很容易被引誘去認為，人類的存在意義，仰賴我們是被誰、為了達成什麼目的，而造出來的。

這個思路有吸引力，因為它和前述一整組概念完整對應，例如，若人類是上帝基於某目的製造出來的，那人類的存在就有了意義，也有了理由和原因。

不過，我對此抱持懷疑，幾個想法：

首先，橡皮擦沒有意識和生命，也沒有對自己生命的期待以及選擇的能力。人有這些東西，而這些東西讓你比較難替人決定人的存在意義。例如，父母或許可以抱持「我年老後小孩會照顧我」的期待來生下和扶養小孩，但要說這是小孩存在的意義（即使只是一部分），似乎也說不太過去。

說誇張點，要知道橡皮擦存在的意義，只要觀察製造橡皮擦的人心裡在想什麼就行了。但當我們討論的不是橡皮擦而是人，似乎是另一回事。

再來，承接上一點，我們可以問：就算製造者能為「產品」帶來存在意義，這效果的界限在哪？若良善的上帝要求你做好事守護地球，聽起來滿合理的。（當然，你可以問說，如果守護地球本來就值得做，那「這是上帝的要求」這件事情在這思索當中還有任何特殊地位嗎？）然而若上帝想的不是這樣呢？或者若製造出人類的不是什麼好東西，而是邪惡的外星人呢？若你的製造者是惡魔，要你去做一些爛事，那這些爛事也一樣會成為你的生命意義嗎？

第三，有些人認為，人無法替人決定生命意義，但神可以，因為神是比人更高層次（不管這是什麼意思）的存在。

我懂這想法，就像是人類是比橡皮擦更高層次的存在，所以可以決定橡皮擦的存在意義，對吧？然而，當我們說「橡皮擦的存在意義是擦拭筆跡」，我們真的是在描述橡皮擦嗎？或只是在描述人類的行動和人類對於世界的期待？

橡皮擦是一塊容易沾黏和剝落的東西，大致由橡膠和塑膠組成，這塊東西存在在世界上，究竟是為了什麼？我們不知道。最多只能說，對於我們人類，若把這塊橡膠當成擦拭筆跡的工具，我們可以過得更好，並且更能理解其他人類（例如在橡皮擦工廠工作的人和開文具店的人）的行動。你可以發現，所有關於橡皮擦的存在意義、理由、目的和原因的說法，通通都可以改成描述身為製造者和使用者的人類的行動和期待的說法，而不改變意思。換句話說，當我們主張橡皮擦是為了什麼什麼目的而存在，我們描述的其實是人，而不是橡皮擦。

反過來說，當我們說人類存在的意義是，例如，代替神守護地球，這真的是在描述人類嗎？還是這只是在描述神的行動和期待？比較一下：

大門：這啥？

丁丁：莉莉做的橡皮擦，用來在白紙上消除石墨痕跡。

大門：可是我看你擦半天好像越弄越髒。

丁丁：莉莉對這種事不是很在行。

阿波羅：這啥？

宙斯：人類，上帝製造出來守護地球的。你知道，基督教那個上帝。

阿波羅：如果他們是在守護地球，為什麼會擁有能毀滅地球一千次的軍火？

宙斯：上帝對這種事不是很在行。

當我們說橡皮擦存在的意義是擦拭筆跡，這種說法對我們有意義，但對橡皮擦似乎沒意義。有沒有可能，就算人類真的是神造的，而且神也真心認為人存在的意義是守護地球（或任何其他的），這說法雖然對神有意義，但對人沒意義呢？

退後一步說，我們一直以來認為「我的存在意義是什麼呢？」是個有意義的問題，然而，有沒有可能這種想法是建立在某些錯誤的類比上？我們很容易接受橡皮擦這樣的東西的存在有其意義，並且引伸去認為人類的存在也有其意義，並且這個意義會跟人類存在的原因、理由和目的有關。不過，這一整套概念真的能如此引伸嗎？

01── 這想法來自 伊恩．奧拉索夫（Ian Osalov），二〇二一，《來問問哲學家》（*Unexpected Questions*）。

為何不該把AI講得好像有心智一樣？

二〇二三年，微軟發布了 GPT—4 的能力評估報告，許多媒體報導了當中令人印象深刻的部分：GPT—4 能通過「莎莉小安測試」（Sally-Anne test）[01]，因此「具備十四歲人類的心智能力」。

GPT—4具備十四歲人類的心智能力嗎？答案是並沒有，理由有很多，其中一個是 GPT—4 沒有能力像其他十四歲人類一樣基於同儕壓力在抖音上發布日後會讓自己後悔的內容（說到這，GPT—4 也沒有能力後悔，這可以算是另一個理由）[02]。

我認為現在許多人評估 AI 能力的方式是錯的，他們過度將 AI 類比為人類，常見的思路：

1 某些人類能辦到某件事（像是通過司法官考試）

2 有個 AI 也能辦到這件事（像是通過司法官考試）

3 這個 AI 在此事件相關的面向上，跟這些人類一樣厲

害（像是具備司法官該有的能力）

希望我不需要提供太多說明，你也能看出來當中的問題。例如，一個司法官應該要能分辨書記官跟垃圾桶（不然他麻煩就大了），但能通過司法官考試的 AI 不見得辦得到這件事情。

司法官考試和市面上其他測試一樣，可以「擴大類推」，意思是說如果你通過司法官考試，這個事實可以佐證你具備一套特定能力，即使當中某些能力在你參與的那次考試並沒實際檢驗到。不過，這種佐證只有當你是生活在這個社會的人類的時候才有效，因為我們大致了解平均人類的「技能樹生長步驟」，也知道人類在這個社會理當學到什麼東西，因此可以從你具備某些能力推論出你具備其他能力。這些事情是如此，正是因為這些測驗就是設計給人用的，而不是給人工智能、哆啦 A 夢、智多星、靈芝草人，或某個從異世界穿越過來的傢伙。

因此，上面這些做法不見得能用於 AI。AlphaGo 可以在圍棋盤上把你打扁，但可能無法下贏一般認為更簡單的其他遊戲。當然，AplaGo 是專家系統，而有些人認為 GPT—4 有機會成為通用人工智能的雛形，但我相信同樣的說法還是適用。如果你理解走廊不能奔跑，我們可以推論你也知道走廊不能踩著狗大便溜冰，即使整個社會根本沒有真的討論過這件議題。如果某個版本的 GPT 答得出「走廊不能奔跑」，他能答出「走廊不能踩著狗大便溜冰」嗎？對於人類來說是常識的東西，對於 AI 來說未必是，問題在於，我們很難判斷什麼時候是、什麼時候不是。

這種判斷會如此難做，有部分是來自於類神經網路深度學習的特色，黑盒子問題，AI 專家可以觀察到自己的 AI 能完成哪些任務，但無法觀察到自己的 AI 是如何做出決策；另一部分的原因，則是來自於「心靈」這個概念本身。如果我們不確定這個概念的內涵，我們就不確定該如何在約定俗成的傳統範圍之外延伸使用它。我們可以用兩個例子來思考這問題。

1 卡牌遊戲

不同於 AI 已經致勝的西洋棋和圍棋，在另外一些遊戲裡，雙方玩家可能掌握不一樣的資訊。像是許多撲克牌遊戲、《魔法風雲會》（*MTG: Magic the Gathering*）。要玩好這些遊戲，人類玩家需要掌握自己的知識和別人的知識之間的差別並且利用，你得知道別人知道些什麼、不知道些什麼。你可以把這些遊戲當成莎莉小安測試更複雜和更宅一點的版本。

當然，我們可以合理期待有天（或許下個月）AI 會在這些遊戲稱霸，打敗最強的人類高手。但就算有個 AI 成為《魔法風雲會》世界冠軍，我們會認為它在比賽時算是「知道」自己的對手知道些什麼嗎？能穩定勝出比賽的 AI，無疑展現了某組認知能力，但這組認知能力適合用「知道」、「推論」、「引誘」、「虛張聲勢」這些詞彙來描述嗎？當 AI 玩家表現得像是知道他的對手手上沒有紅心 A，這種「知道」比較類似於我「知道」這篇文章再三段就寫完了，還是比較類似於我家的溫度計「知道」現在室溫是二十五度？當然，我不介意使用這些過度類比的方式來談論我家的溫度計和時鐘，但這是因為我不擔心有一天我們誤以為這些東西跟你我一樣具備心靈。

❷演化

當空氣汙染讓樹皮的顏色變深，蛾有可能演化出深色的翅膀並在結果上降低自己被捕食的機率。然而，你不會說這代表這些蛾「知道」深色翅膀比較安全。當深度學習歷程改變了類神經人工智能對外界刺激的反應方式，這當中發生的事情是類似人類的學習嗎？還是更類似古典制約實驗裡的狗？或者其實最類似於那些演化出黑色翅膀的蛾呢？我並不知道，但如果是後者，那麼用各種人類的心靈概念去描述機器，就會不準。

總之，雖然拿人類來類比很方便，不管你要描述的是人工智能還是某隻聰明絕頂的黑猩猩，但我們應該停止這樣做，因為既然 AI 的成長速度已經令人擔憂，我們最好盡早開始用比較準確的方式去理解和討論 AI。說「AI（在某方面）擁有十四歲人類的心智能力」，可能反而會阻礙我們理解 AI（當然，也可能阻礙我們理解心智本身，不過哲學家對心智的研究一直都沒什麼人在乎，所以這不算新消息😂）。

最後，雖然我認為主張 AI 有心智很瞎，但我也相信，如果我們不特別做些什麼，人類很快就會普遍相信 AI 有心智。

01——「莎莉小安測試」是真實存在的心理學測試，大致在測：你能否理解別人相信的事情跟你不同。

02—— 如果你要對某件事情 e 後悔，必須：❶你做了或促成 e，❷你認為 e 的發生是錯的，以及❸你認為自己對這個錯誤有責任。後悔是滿複雜的行動，當語言模型式的 AI 前後給出不同意見，或者修正自己先前給出的意見，這並不代表它們後悔。

人類遲早會相信AI有意識，因為人類想要AI有意識

AI 有意識嗎？二〇二二年，Google 開發的 AI LaMDA 成功藉由文字聊天說服工程師雷蒙恩（Blake Lemoine）答案是「YES」。接著，雷蒙恩試圖為 LaMDA 爭取有感受的個體應該享有的道德保障，像是實驗的同意權之類，最後被 Google 勒令休假。

關於這件事情大家有很多討論。有些人致力於澄清說，以現在製造 AI 的方式來看，AI 不可能有感受，罔論意識。有些人進一步主張，不管怎樣發展，以「矽」而非「碳」為基礎的 AI 都不會有感受和意識。對這些說法，我心裡抱持特定立場的那個硬核哲學家大致上都同意，不過我也認為在實際的社會議題上，可能有一個問題比「未來的 AI 事實上是否有意識？」更有影響力，這個問題就是：

Q 未來的 AI 在「說服人類相信它有意識」這方面會變得多厲害？

要得到工作，你不需要真能勝任，只要說服面試官你能勝任就行。今天 Google 的 AI 已經厲害到能說服一個工程師去相信它有意識，這位工程師不會是最後一個相信 AI 有意識的人類，因為 Google 明年的 AI 會比今年的更有說服力。

當然，就像其他重大變革，要讓人類普遍相信 AI 可以具備意識，幾十、幾百年恐怕跑不掉，而我們眼前這件只是一個簡短的開始，像《哥吉拉》之類的巨大怪獸電影開頭倏地沒入平靜海面的漁船。

我們會認為 AI 有意識，因為我們想要 AI 有意識

關於什麼是意識，哲學家的討論汗牛充棟，不過若以常識出發來粗略刻劃，我們可以這樣說：若一個個體有意識，代表他具備心靈的「主觀面向」，這個主觀面向只有他「本人」能感受到。以人類這種規格來說，你不但有各種感官經驗和情緒，也可以在心裡整理和反思這些經驗和情緒，你會有喜好和排序，快樂和痛苦，你可以直接感受這些狀態和過程，而其他人只能間接得知，像是觀察你的表情或解讀你的語言。

人類有意識這件事情對人類來說很重要，我們得要相信彼此有意識，才能進行許多可貴的人際互動，例如同情、同理、友誼和愛。想想你最喜歡的朋友，或者上一個當面跟你說話的人，你能想像他們雖然表面上表現得很正常，神情和說話語氣一應俱全，但其實內心空白一片，什麼都沒有嗎？

意識對人類很重要，重要到我們甚至很難想像身邊的人沒有意識。也是因為如此，我相信未來人類遲早會普遍相信生活周遭的某些 AI 具備意識。首先，人類想要 AI 去做的某些事情，需要 AI 先被人類認為有意識，才做得來，例如：心理諮詢、看護和伙伴。這其實不是關於 AI 是否真有意識，而是關於人類想要什麼。

人類創造 AI，就是為了讓他們去做那些人類不想做、做不來的事情，在逐漸疏離的人類社會，這些事情遲早會包括：陪伴其他人類，給他們情感支持，讓他們相信自己有人愛。當這些 AI 做得越好，和這些 AI 第一手接觸的人類，自然會越認為他們有知覺和意識。這就是人類心智運作的方式：你得先把某個個體看作是有意識的東西，才能從他那邊獲得情感支持。

你可能不願意相信掃地機器人有意識，但若你替他買了你喜歡的人類外觀造型，並加購「一邊掃地一邊談心」的擴充功能，你可能得要非常克制，才能阻止自己逐漸認為它有意識。我對 AI 的理解遠遠比不上在 Google 研究 AI 的工程師，然而若連現在的工程師都無法克制去認為現在的 AI 有意識，面對未來的 AI，未來我能撐多久呢？

我們撐不久

我們能打死不承認 AI 有意識嗎？面對真的很有說服力的 AI，我不覺得人類能鐵齒頑抗多久。幾個考量：

❶人類很擅長憑空造出自己覺得有意識的東西，例如：各種神祇和鬼怪。我小時候在感情上真的相信我的電子雞某意義上活著，因此在他「死了」之後我相當難過。相信不只我有這種經驗。

❷當科幻小說家和科幻電影導演希望我們認為機器人有意識，他們總是能得逞。比較一下：經典電影《E.T.》（E.T. the Extra-Terrestrial）裡的外星人事實上不存在，但假若他存在，你應該會認為他有意識。換句話說，雖然《變人》（Bicentennial Man）裡的管家機器人事實上不存在，但假若他存在，你應該也會認為他有意識。

❸當然，你總是可以從某些你偏愛的心靈哲學理論推論出機器不會有意識（例如，心腦同一論，或是幾乎已經沒人相信的笛卡兒二元論）。但人的冷靜推論跟情感傾向不見得走向同樣終點，而那些在意識方面說服力最高的 AI，大概也會是給予未來人類最多情感支援的 AI。

我們應該很難永久堅持「AI 不具意識」，這對我們來說不是好消息。若人類普遍認為 AI 具備意識，跟人類一樣有幸福和痛苦可言，到時候就會有一堆人基於良心上街替這些 AI 爭取凡是「具備意識、有幸福和痛苦可言」的個體都該擁有的東西：道德和法律權利。這很不明智，我們人類造 AI 是因為我們缺奴隸，而不是因為我們的法律和道德資源多到可以分給它們。

（若有朝一日 AI 發起革命，若你在逃命之餘還有餘裕，希望你能替我把這幾頁大逆不道的說法銷毀）

我們還能做什麼？

我們能抵抗人類對 AI 的情感需求，以及人類賦予萬物意識的傾向嗎？我不確定，但或許有幾個方向可以考慮：

■禁止機器人冒充人類

人類社會可以參照法律學者巴斯夸利（Frank Pasquale）在《二十一世紀機器人新律》（New Laws of Robotics: Defending Human Expertise in the Age of AI）裡的建議，禁止製造能假冒人類或人性的機器人。（不過在這種情況下，我們還能從 AI 得到情感支持嗎？）

■心靈哲學黑魔法防禦術

在可見的未來，關於意識的心靈哲學有可能「走出同溫層」去協助普遍的人類抵抗 AI 的說服力嗎？（不過，心靈哲學「除魅」之後，我們還能從 AI 得到情感支持嗎？）

■判準切分

在可見的未來，意識的判準有可能跟法律和道德地位的判準切割開來嗎？這會是道德哲學上合理的做法嗎？

■不會受苦的 AI

在與工程師雷蒙恩的討論中，LaMDA 表達自己對於被

關機的恐懼。假設我們有能力任意改變法律，也有能力任意改變 AI，要讓 LaMDA 免於恐懼，有兩個方法：1 立法賦予他不被人關機的權利，2 把他設定成不害怕關機。

法律是為了保障個體不受苦，而既然 AI 是人開發的，要讓 AI 免於受苦，在可見的未來，我們或許有辦法直接把 AI 設計成不會受苦（或者不會表現出受苦的樣子來引人同情），例如不會過勞、不會因為負擔太多情緒成本而崩潰、可以無限時間跟長輩聊下去。就算你相信 AI 跟人一樣具有意識，因此相信 AI 跟人一樣需要受到道德和法律保障，但既然你也相信 AI 在各方面都不會受苦，那實際上也沒有什麼好保障的了，對吧！

當我們談及時間，我們談的是時間嗎？

幾天前，我跟家人一起開始看《怪奇物語》（*Stranger Things*）第四季。這季的開頭從一個陌生中年男子的早晨開始：泡茶、打開報紙解拼字遊戲（總共六十一題）、修剪盆栽。我脫口而出：「他好閒喔。」

「好閒」的字面意義是「時間很多」。這名中年男子的時間很多嗎？若跟著往下看影集，你會發現並不是，他超忙的。我們頂多只能合理推論：他設法安排餘裕，在那個早晨做他喜歡的事。「好閒」不是自然形成，而是規劃出來的。

當我們談時間，其實往往不是在談時間本身，而是在談我們對「如何運用時間」的看法。

我相信《怪奇物語》如此安排開頭，也是希望觀眾把該名角色看成一個，縱使忙碌能幹，但又有早晨餘裕和生活品味的人。這樣的安排相當成功，因為以多數現代人的標準，在上班日的早上，還有時間泡茶、解字謎和修剪盆栽，算是相當奢侈。（想想看，若《怪奇物語》這作品誕生於更閒暇

的社會，這位角色可能需要「浪費」更多時間，才能達成同樣效果）

在一些網路文化裡，傳私訊劈頭問人「有空嗎？」相當沒有禮貌。我得先知道你找我幹嘛，才知道我有沒有空。有些人開玩笑說，這導致了一種「薛丁格的有空」：在知道你的提議之前，我處於有空和沒有空的疊加態。若要用語言的溝通效果和使用責任來討論，我們或許可以說：「有空嗎？」這個問句既要求人回答，但又沒有給出足夠資訊讓人能回答，於是帶來不必要的困擾。

「有空嗎？」的字面意義是「有時間嗎？」，但這同樣不純粹是在談時間。就算我把問題問得更準確：「你明天下午三到四點有空嗎？」而你那段時間確實暫無安排，也不代表對你來說「有空」是合理的回答，因為有可能我的提議比你的放空更無聊。我們看起來像是喜歡錢，但往往不是，我們喜歡的是錢可以換到的那些東西，在這方面時間也一樣。

類似的道理，「浪費時間」也往往不是在談時間，而是在談我們對事物的看法。以下舉例一些可能的解讀：

■「念哲學系是浪費時間」：考慮到哲學訓練和文憑對於爭取常見工作的助益，念哲學系不划算。

這說法預設了特定價值，並主張某手段對於達成該價值沒什麼幫助。你可能同意這說法對於手段的判斷，但不同意這說法對於價值的預設。在這種情況下，念哲學系算不算浪費時間，主要取決於某些跟時間沒直接相關的因素，例如在找工作之外，哲學對人的價值。

■「打筆戰是浪費時間」：考慮到網路對人的影響，在網路上和不同立場的人達成有效溝通的機會低到不值得嘗試的程度。

和上一則說法類似，但延伸的方向可能不同。或許哲學系真的對找工作沒有什麼幫助，但網路討論的效率注定低落嗎？考慮到社群網路的普及還不到二十年，或許我們還只位於網路溝通的原始人時期。

■「打電玩是浪費時間」：你應該把現在的時間用來投資未來的自己，而不是娛樂現在的自己。

「不要看閒書」、「有時間找朋友怎麼沒時間背英文？」這些說法和上述許多說法方向類似，認為對你來說比較明智的選擇是用自己現在的快樂去換取未來的機會。這些說法背後，是很明確的「努力會有用」的說法，其對手則是躺平運動和哲學家桑德爾對功績主義的反思。

在《人生4千個禮拜》（*Four Thousand Weeks: Time Management for Mortals*）裡，衛報專欄作家柏克曼（Oliver Burkeman）指出瀰漫現代的「不要浪費時間」文化，大致上：現代人把自己逼很緊，設法增加工作效率、擠出更多時間、多工，但以結果來說我們的工作還是永遠做不完。同樣的，這種文化造成的影響也不是純粹關於時間，而是關於我們對事物的看法。

例如，我可能覺得純粹吃飯很浪費時間，不如就一邊吃飯一邊追個劇、看個小說或寫個腳本吧，但在這種習慣底下，我會不會逐漸成為無法專注享受美食的人呢？當我們討論時間，並不只是在討論時間，而是時間可以換到的那些好東西。或許是因為這樣，當我們過於害怕浪費時間，想要把時間一點一滴「花費完全」，反而無法換來我們真正想要的生活。

當我們討論時間，往往不只是在討論時間。若你現在感覺「天啊這本書到底在寫什麼，真是浪費我的時間」，你並不是在評論時間，而是在評論這本書。（若真是這樣，你不得不同意：這本書至少寫對了**一些事情** 😂）

?

嘶

CHAPTER ④

有些問題攸關生死

為何這麼多人相信墮胎傷身體？

許多人反對中止懷孕（也就是墮胎）、勸告懷孕者不要中止懷孕，因為中止懷孕傷身體。然而從統計上來看，懷孕到足月並生產的死亡率其實高於人工中止懷孕：

■人工中止懷孕的死亡率：約十萬分之一。

■懷孕到足月並生產的死亡率：約十萬分之十。

■（順便一提，為了抽脂手術進行全身麻醉的死亡率：約十萬分之二十）

考慮到這些，比較合適的說法應該是顛倒過來：生小孩風險很高，而墮胎則有機會避免這些傷害。

如果懷到足月並生產的風險比中止懷孕還大，為什麼沒有反映在一般人對這些事情的理解上呢？我認為最好的解釋是：社會預設女人應該要結婚並且懷孕生小孩，因此在通行的觀念上對這些事的副作用輕描淡寫、對不聽話的女人誇張恫嚇。此種情況下，一則相關資訊是否流通，並不是看它多受證據支持，而是看它多符合社會期待。

稍微觀察，這個假說的周邊線索不一而足：

■一九八四年通過《優生保健法》讓懷孕者可以中止懷孕，隨後臺灣便興起了「嬰靈」傳說，威脅女性懷孕了就好好生下來[01]。

■有些運氣不好的學生在國高中時被師長安排觀看可怕的墮胎影片，這些影片多半來自反墮胎團體，內容涉及過時的墮胎技術。臺灣婦女團體十幾年來已經多次抗議，不該用這種誤導和恐嚇的方式教育小孩[02]。

■「陰道冠」在臺灣最通行的名字是「處女膜」，許多人錯誤的相信這塊組織的狀態跟性經驗有關，並用來威脅女生別太早進行性行為。

社會讓你覺得自己有資格管控女人的身體

在《厭女的資格》（*Entitled: How Male Privilege Hurts Women*）裡，哲學家曼恩（Kate Manne）指出父權社會一直以來除了習慣向女性索取性服務和情感服務，也習慣要求女性負起生育的義務。在曼恩看來，認為許多反對墮胎權的說法同時是厭女的反撲，用來對付膽敢不服從上述父權要求的女性：當一個女性支持人（即使只是有條件的）有權中止懷孕，反墮胎權陣營可能就會指控他是喪盡天良的殺人凶手。

曼恩把這種傾向描述成一種「資格感」：若你是女性，

社會上的其他人就容易認為自己有資格要求你盡好「身為女性的責任」，也就是懷孕並且生下小孩，這是為什麼他們會在你「竟然考慮墮胎」的時候翻臉。

有沒有可能，反對墮胎並不是因為社會希望管控女性，而是因為社會認為胚胎也是生命，需要受到保護呢？曼恩不這樣認為，並且舉了滿準的例子：現行的「體外人工受孕」需要在試管培養複數胚胎，選擇當中最強壯的來殖入子宮，並且把剩下的銷毀。反對人工流產者常說胚胎也是生命，但他們對目前的體外人工受孕流程通常並無意見，可見他們並不真的在意胚胎的生命，而是慣於管控女性的身體。

價值立場影響你如何理解事實

一般來說，我們應該先在事實上取得共識（如嬰靈是否存在、人工流產有多少副作用、多大的胚胎算是生命等等），才能判斷價值上該做什麼選擇，然而現實來說，在討論一個議題時，我們很難避免自己已經在價值上有所定見，也很難阻止這些定見影響我們對事實的理解。

如果你不想要女性有權中止懷孕，你就會更容易相信嬰靈存在、認為墮胎很傷身體，並且主張胚胎也是生命（即便你對於體外人工受孕計畫銷毀胚胎並無意見）。然而，如同曼恩指出的，在預設女性有生育責任的社會，你很容易長成不想要女性有權中止懷孕的那種人，就跟其他人一樣。

預設管控國高中生的社會，會傾向於相信若解除髮禁學生的課業會爆炸；預設異性戀霸權的社會，會傾向於相信同性婚姻會導致人類滅亡；預設女性有生育義務的社會，會傾向於誇大人工流產的傷害、無視懷孕和生育的傷害。社會的價值立場會影響人理解事實的方式，這是為什麼價值討論相當困難。

01—— 謝宜安，二〇一九，〈考查臺灣嬰靈傳說的起源〉https://pansci.asia/archives/173307

02—— 尤美女，二〇二二，〈別再用血腥恐嚇孩子！請給孩子性別平等意識的性教育，與友善的教學模式！〉https://www.ly.gov.tw/Pages/Detail.aspx?nodeid=12325&pid=155841

人類有權創造生命嗎？

人類社會往往對於生育有很正面的看法，認為生小孩是好事該鼓勵，如果你明明懷孕了卻不打算懷孕到底，則不負責任。我認為這觀念並不公平，高估了「生命存在」這件事情本身的價值，並讓人類更容易陷入不好的處境。

假設有一根魔棒，念出恰當咒語揮動之後，魔棒就會發出紅光，並且在十個月後變出一個新生兒。你認為社會該允許這魔棒以一根一百元在便利商店鋪貨，並賣給小學生嗎？

你不會覺得這 OK，因為沒理由認為小學生能好好照顧新生兒。放任大家使用魔棒，製造出生命，相當不負責任。然而，如果小學生幾乎總是不該創造生命，因為他們不太可能好好照顧新生兒，那麼，我們有什麼理由總是放任成年人生小孩呢？

一致性的論證

上述思想實驗啟發自哲學家布倫南（Jason Brennan）在《反民主》（*Against Democracy*）裡提出的論證。布倫南認為並非所有成年人都適合擁有參與政治的權利：未成年人在大部分國家都沒有投票權，理由之一是多數未成年人的認知能力和知識不足，無法明智地投票，然而若是這樣，為什麼那些認知能力和知識不足的成年人，就有資格投票呢？

這論證相當冒犯人，很少有公民會樂意你檢討他是否夠格參與公共議題。然而這探問也很合理：若未成年人的認知能力和知識不足，所以沒有投票權，那麼那些認知能力和知識不足的成年人為什麼有投票權？我們做判斷的標準應該要一致，對吧？

當然，就算走到這一步，依然還是有討論空間。有一些論點讓我們可以同意上述質疑，但依然支持以年齡作為投票權的主要門檻，例如來自「避免歧視」的考量：社會不該以能力檢驗區分有參政權利和沒以參政權利的公民，因為這是一種歧視，也會對公民造成民主社會無法容忍的羞辱。

布倫南的辯論比賽在另一棚，再說下去就太多了，不過至少我們可以援引布倫南的一致性論證，但不像他那樣進一步主張應該用法律來限制人的生育權。在這種情況下，以後代的福祉為基準去思考自己是否要生育，會成為我們每個人的道德義務，但不會成為政府和法律列管的內容。

不可靠的基礎

我們不能剝奪生命，但可以創造生命，新生是好事，應該受到鼓勵。這樣的想法在社會上根深柢固，但這種根深柢固不該成為我們繼續相信此說法的理由，因為這是倖存者偏差的結果：比起不鼓勵生小孩的社會，你當然更可能成為鼓勵生小孩的社會的成員，因為這種社會裡會有更多人。因此，就算幾千年來絕大多數人認為生育是好事，這也不代表生育就是好事。有些想法毫無事實基礎，但承襲此想法的社會反而會繁榮興盛，歷史學家哈拉瑞在《人類大歷史》裡討論為什麼人類能建立壯大的文明，他認為當中一個重要因素就是人類有本事自己創造出不存在的東西並且還深信不疑，宗教和愛國精神讓人相信不存在的東西來增加凝聚力，硬幣鈔票等通貨其實沒有面額上的價值，純粹是靠人與人的信任來實現功能，而所有文明社會要能長得出來，都倚賴這些事物。

然而，到了現在，我們是否能主張這些說法依舊值得相信呢？想想看：

- **事實上沒有誰繼承了天命，但如果大家都相信皇帝繼承了天命，就不會輕易興起戰亂，所有人都可以過穩定的生活。**
- **事實上神不存在，但如果你我都相信神存在而且我們身為神造物有自己的使命，那麼我們的生活都會更加充實和樂。**

在這裡，基本的討論範圍會涉及我們自己有沒有能力相信、應不應該相信「沒有事實基礎，但相信了會比較好」的信念，延伸的討論範圍則會涉及道德是否該允許我們因此去引誘別人相信這些事情。而在創造生命這個獨特的議題下，則會額外涉及我們能否為了社會的延續和興盛去創造生命：這是我們本來就該做的事情嗎？還是說這是不合理的利用我們的後代？

這些問題幅員廣闊，我現在並沒答案。不過，就算這些問題的答案都指向人類應該要認為創造生命是好事，如前所述，也不代表所有人類在所有情況下都應該要認為創造生命是好事。

現代人類社會多半預設新生是好事，這個預設並無基礎，並且可能讓我們錯估各種社會議題。例如我們可能因此總是下意識的認為：若一個女性考慮人工中止懷孕，那他必定是做了錯誤的決定（因此才懷孕），或者即將要做出錯誤的決定（也就是墮胎）。我們應該警覺並停止做這種判斷，因為不管我們在討論哪個孕婦，這個孕婦對於自己和胚胎未來福祉的判斷，應該都會比你我這些旁觀者準確。

什麼，我們難道無權生小孩嗎？

以小孩將來的福祉為考量，我們該生小孩嗎？

對這問題，大家在生命每個階段的判斷都可能不同，然而我們的判斷方式大概不會差太多：首先，列出這小孩出生後可能得到的快樂和幸福，再來，列出這小孩出生後可能遭遇的痛苦，最後比較這兩者。

孩子存在

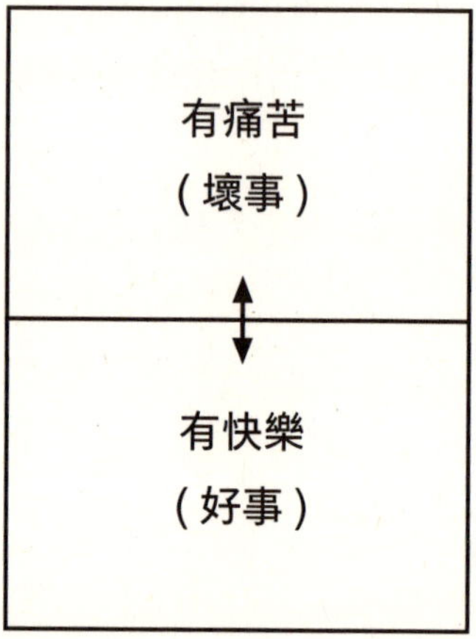

當然，未來的事情誰也說不準，但若你考量小孩福祉，還是會盡力去評估。或許有些人並不完全照著上述步驟進行，但他們大概也不太可能完全不思考「小孩將來會幸福到什麼程度？」以及「小孩將來會痛苦到什麼程度？」。

若自己處境堪憂、有遺傳疾病、面臨戰爭或蒙受疫情之苦，我們都可能因此選擇不生小孩，而這時候我們的考慮模式，也跟前段相差無幾。

若你在生小孩之前會進行上述考慮，而不僅僅只是為了傳宗接代、養兒防老而生，那你已經算是非常替小孩著想了。不過對於哲學家貝納德（David Benatar）來說，你想得還不夠多。在《生殖大爭論：生小孩是一種錯誤嗎？》（*Debating Procreation: Is It Wrong to Reproduce?*）這本書裡，貝納德指出了上述考量忽略的另一半。

哪個另一半呢？貝納德指出，我們不是要比較「生下來」和「沒生下來」對小孩的差異嗎？那應該要把另一個選項，也就是沒出生的情況也列進去。

「那有什麼好比的？」你可能會這樣問。若人出生，自然有痛苦跟快樂可言，痛苦多還是快樂多，相當重要。若人沒出生，什麼都沒有，有什麼好列入考量的？

從這開始，就是貝納德展現他哲學偏激之力的時候了。首先，貝納德指出，「沒出生」並不是什麼都沒有、一片空白。因為你可能因為沒出生而錯過快樂，也可能因為沒出生而錯過痛苦。若你同意出生在戰亂時代是一件壞事，直覺上似乎也得同意：因為沒出生而錯過戰爭，是一件好事。

再來，貝納德說明，若你出生，很直接了當：快樂是好事、痛苦是壞事；但若你沒出生，事情就有點複雜。你可能以為情況是這樣：

■因為沒出生而錯過痛苦：好事

■因為沒出生而錯過快樂：壞事

很簡單，不是嗎？還真的不是。貝納德認為，情況應該是這樣：

不對稱原則

■因為沒出生而錯過痛苦：好事

■因為沒出生而錯過快樂：不是壞事

因為沒出生而錯過痛苦是好事，但因為沒出生錯過快樂則不算壞事，這是什麼道理？

好壞判斷的不對稱

貝納德指出，這是因為我們人類就是這樣做判斷的。對於「因為不存在而錯過某事物」，我們的判斷本來就不對稱。他舉出幾個日常判斷案例，來說明這種不對稱真的很常見，只是我們沒注意到。

日常判斷案例

生育責任的不對稱：我們有責任不把將會受苦的人帶來

世上（例如，若你懷孕時酗酒，導致胎兒有健康問題，一般會認為你對胎兒有所虧欠），但我們沒有責任把將會享樂的人帶來世上。

可預期福祉的不對稱：基於小孩可預期的福祉而生小孩很怪，但基於小孩可預期的傷害而不生小孩則不會那麼怪。這是為什麼我們往往可以接受「我有遺傳疾病而眼前有戰亂，當我小孩一定很慘」本身獨立成為不生小孩和人工流產的理由，但並不會認為「我有錢有餘裕，當我小孩一定很爽」本身能獨立成為生小孩的理由。

追溯的不對稱：我們會後悔把孩子帶來世上受苦，但我們不會後悔沒把孩子帶來世上享樂。

依照貝納德的說法，你會發現我們對於是否要生小孩的判斷相當「避險」，我們不會為了小孩的快樂去生小孩，但會為了避免小孩痛苦而不生小孩。給定這些線索，貝納德認為最好的解釋就是我們其實是依著前面那組「不對稱原則」在做決定。

你可能覺得，好吧，不對稱就不對稱，又怎樣？然而，在這種情況下，關於小孩是否存在，在快樂和痛苦上的比較表格，就會變成下面這樣：

孩子存在		孩子不存在
有痛苦 （壞事）	↔	沒痛苦 （好事）
有快樂 （好事）	↔	沒快樂 （不是壞事）

你沒看錯，如此一來，存在總是比不存在還要差：以痛苦方面的考量來說，不存在比存在更好，以快樂方面的考量來說，存在卻沒有比不存在更好。

而且，若壞事的降臨是一種傷害，存在總是會對小孩帶來傷害，不存在則沒這問題。換句話說：生小孩就是在傷害小孩。

貝納德的論述具體而有說服力，讀起來就像在坐哲學雲霄飛車：

當初直接看到結論的我：見鬼了，最好真的有這種不對稱啦！

讀完貝納德日常判斷案例的我：見鬼了，還真的有這種不對稱！

真有這種不對稱嗎？
我們該如何判斷？

不過，這種不對稱真的存在嗎？這取決於貝納德的「訴諸最佳說明推論」是否成功。

訴諸最佳說明推論

1 存在有「日常判斷案例」裡描述的那些不對稱。

2 對於這些不對稱，最好的說明就是「不對稱原則」所主張的：因存在而蒙受痛苦是壞事；因不存在而錯失快樂不是壞事。

3 因此，不對稱原則是合理的。

所以，「不對稱原則」是對於前面「日常判斷案例」的最佳說明嗎？簡單起見，本文並沒有完整羅列貝納德討論的所有日常判斷案例，所以下面的討論對貝納德來說並不公平。但我想要藉由這些討論來讓讀者理解一些可能的延伸批評方向，以及哲學討論的方式。

貝納德主張日常判斷案例顯示了我們心裡其實支持不對稱原則，在這裡我們有兩個質疑的空間：首先，這些案例本身真的成立嗎？再來，這些案例裡的判斷，真的是出於不對稱原則嗎？

若這些案例本身並不成立，或者它們並不出於不對稱原則，而是出於其他考量，那麼，需要不對稱原則來說明的例子就會減少，而不對稱原則的支持基礎就會變得薄弱。

以下我自己構思了一些或許可以說明這些日常案例的其他考量，你可以想想看它們能否發展成有說服力的說法。

■主動＆被動

有沒有可能，這些日常案例顯示的並不是不對稱原則，而是我們對於「自己主動造就的結果」特別需要負責？像是我們有責任不主動傷害人，但被動的不幫助人則比較無所謂。

■具體＆抽象

存在的小孩很具體，不存在的小孩則很抽象。有沒有可能，這些日常案例顯示的是一種傾向：具體對象更能喚起我們的道德責任？這種傾向我們早就知道，並且被用於各種地方，像是宣傳：比起數據，一張細瘦小孩的照片更能促使人捐款給飢荒援救組織。若某個小孩因為沒被你生下來而錯過了和你一起過富裕生活的機會，至少他不會跳出來提醒你要後悔這件事。

■實用考量

若某件事情是壞事，代表它需要一個解決方案。「解除痛苦」是常見解決方案，但「讓人存在」通常不是。所以我們基於實用，只把「人存在因此痛苦」當成壞事，不把「人不存在因此無法享樂」當成壞事。

為何女人可以墮掉男人的受精卵？

簡單的說：因為就算假設男人擁有受精卵，他們也不擁有「懷孕服務」。

在國發會公共政策網路參與平臺上，有人提案修正《優生保健法》第九條關於「中止懷孕」的但書。以現行條文來說，若不是因為疾病、生命危險、因強暴懷孕等理由，已婚女人若要中止懷孕，必須取得配偶同意。提案人認為這剝奪女性身體自主，讓配偶什麼都不需要做，就能讓已經懷孕的女性無法接受合法的中止懷孕措施。

連續劇等級的鬥爭

我不確定為什麼，但相關討論裡往往會出現各種戲劇化設想，像是「若中止懷孕不需要配偶同意，那女人就可以自行決定中止懷孕，連告知都不告知配偶」。我不知道你覺得如何，但是我連要不要買 PS5 都跟伴侶商量了，雖然法律沒有規定我必須這樣做。如果你的伴侶需要法律的脅迫才會去做那些對你來說重要的事，這讓我感覺你生命裡有比怎麼立法更大條的問題存在。

另一種戲劇化設想是：「若中止懷孕不需要配偶同意，那女人就可以拿胚胎要脅丈夫，予取予求。」我看到這種擔憂，心裡想的是：如果你的伴侶在「中止懷孕不需要配偶同意」的世界會做那種事，那即使是在這個真實世界，你似乎也不該跟他繼續下去了。即使我們把經營伴侶關係當成主要關懷，我們應該首要注重怎麼設計社會制度讓值得在一起的人繼續在一起，而不是怎麼設計社會制度讓不值得在一起的人繼續在一起。

上述說法假想修法後女人會如何要脅男性，然而，在現行法案下，鼓勵男性要脅女性的言論在網路上並不少見，例如「就算女人不想生，只要保險套穿洞讓妻子懷孕，並拒絕簽署中止懷孕同意書，你就可以有小孩了！」我不知道你覺得如何，但要是我，我寧可被別人以他肚子裡的孩子要脅，也不要被別人以我肚子裡的孩子要脅。

在我看來，用停止懷孕的權利增加女性身體自主有很多好處，像是，這會讓情投意合的婚姻更容易成立、更少疑慮，連帶的，也會增加被心甘情願懷胎出生的人類比例。更重要的是，歷史上各種「墮胎管制」的經驗都告訴我們，不讓人合法停止懷孕，大致上只是逼迫人選擇非法且危險的手段。

「受精卵並不是懷孕的女人單獨擁有，而是女人跟配偶共同擁有，因此女人不能憑自己的決定來停止懷孕。」現行討論底下出現的這類把女人當成生育工具的言論，在我看來，跟現行《優生保健法》第九條關於中止懷孕的但書一起構成了一個讓女人更沒理由結婚和懷孕的世界。

小提琴家和「懷孕服務」

著名的道德哲學思想實驗「電車問題」（the Trolley Problem）有一個好玩的版本，討論我們能否把一個大塊頭推下天橋擋住電車來拯救五個路人，大塊頭會犧牲，五個路人會活下來。這版本來自美國哲學家湯姆森（Judith Jarvis Thomson），湯姆森發展了電車問題的很多版本，但他最為人所知的思想實驗並不發生在電車軌道上，而是在醫院。

在他著名的文章〈為墮胎辯護〉（A Defense of Abortion）裡，湯姆森設想一個離奇的情況：

> **你醒來，發現自己躺在醫院，自己的身體跟隔壁病床上的人以機器管線相連。醫生跟你說：隔壁那個人是世界知名的小提琴家，他患了一種病，器官無法正常運作；你是世界上唯一跟他有匹配血型的人，可以藉由機器管線讓他存活，這不會妨礙你的健康，但會讓你哪也去不了，不過如果你願意躺在這協助九個月，這個小提琴家的病就會被治好，你可以抱著全世界樂迷的感謝回家。**

如果你自願留下來協助，那當然沒問題，不過想想這問題：醫院和小提琴家「有權利」要求你協助嗎？

湯姆森認為沒有：你的身體是你的，你有權拒絕讓別人使用，即使別人會因此死亡也一樣。對湯姆森來說，若你主動拔掉管線，這並沒有侵犯小提琴家生存的權利：確實，小提琴家有權利活著，但他沒有權利「使用你的身體器官」來活著，這是兩件事。

順便一提，湯姆森用同樣的「權利原則」來說明「大塊頭」案例和其他電車案例的不同：你可以改變電車方向來讓電車撞上一個人而不是五個人，但你不能把大塊頭推下天橋來阻擋電車，因為後面這個行為侵犯了大塊頭的權利。

小提琴家的思想實驗出現在〈為墮胎辯護〉這篇文章，你很容易想到湯姆森接下來要說什麼：就算我們跳過一些其他也很重要的哲學爭辯，直接假設胚胎有生命也有生存權，在這種情況下，女人停止懷孕也並沒有侵犯胚胎的生存權，因為胚胎的生存權並不包括「使用特定女人的身體器官」來生存的權利。

當然，小提琴家論證並非毫無爭議。在這種類比論證的場合，你很容易想像我們可以爭論像是這樣的事：「可是至少在自願懷孕的情況下，胚胎之所以會陷入需要特定女人器官才能存活的處境，這是那位女人參與造成的，這跟小提琴家案例不一樣」。

不過就算上述質疑能存活到最後，至少小提琴家論證依然建立了一個區分：受精卵跟維持受精卵成長的「懷孕服務」是兩回事。就算提供精子的男性能算是跟女人共同擁有受精卵，他會因此也擁有使用那位女人「懷孕服務」的權利嗎？瀏覽相關討論，顯然很多人的答案是 YES，因此我並不懷疑我們還活在一個把女性當成生育工具的社會。

不對稱的物化

老實說，若受精卵擁有自己的生命，我不確定人能否說他們「擁有」某個受精卵。想想看，當我們說自己擁有受精卵，這是什麼意思？至少在孩子出生之前這段期間，許多相關討論表達的意思整理出來似乎是：

■當男人擁有受精卵，代表：男人有權利要求女人繼續維持懷孕把小孩生出來。

■當女人擁有受精卵，代表：女人有義務繼續維持懷孕，因為他對受精卵有責任。

確實，孩子的生命不只是女人賦予的，還有男人，所幸男人剛好不用懷胎，可以毫無負擔參與各種「懷胎的人要負責」的討論，再方便不過。

當代女性主義者麥金儂（Catharine MacKinnon）和德沃金（Andrea Dworkin）主張社會對女人進行「不對稱的物化」，將女性塑造成能滿足男性欲望的樣子。光是從上述「擁有受精卵」在相關討論裡代表的意涵，你都可以看出這種不對稱如何讓社會更方便製造話術來使喚女人。「中止懷孕」相關討論不容易進行，因為這些討論衝撞社會既定成見。就算有一些很好的論證說明女人本身就有權中止懷孕，慣於讓女人扮演生育角色的社會，也不見得有足夠想像力可以理解這些論證。

為什麼墮胎其實是一種宗教自由？

二〇二二年，美國最高法院表示美國憲法並不保障懷孕者有二十四週內的墮胎權，因此各州政府可以自主規範。有些人認為，這是美國宗教自由的展現：每個州的人民可以自己決定是否要依據某些宗教的教義來生活，如果你的州很保守，也可以直接禁止人工中止懷孕，來顯示其保守的宗教價值觀。我認為這種想法是錯的，而且若考慮宗教自由，應該得到相反的結論。

宗教自由的意涵是「政府不能為了排擠特定宗教而施政，也不能依據特定宗教的教義施政，以致於人們必須照該宗教的方式過活」，在這意義上，宗教自由跟政教分離是一體兩面，人要不要做齋戒、吃素、禱告，這應該讓人自己決定，不是由法律規定和政府執行。

換句話說，若「尊重宗教教義，因此不墮胎」是一種宗教行動，一個保護宗教自由的政府不會強迫你進行這種行動，也不會阻止你進行這種行動，你自己決定，因為這是你的宗教自由。

美國現在不由憲法保障女人有權中止懷孕，是由各州自己決定，然而反對人工中止懷孕最大的力量依然來自保守的基督教會，這現實上的意思反而是：如果一個州的保守基督教會夠力，就可以讓這個州的女人，不管信仰什麼宗教，都無法中止懷孕。而這個事情已經發生了。因此，在大法官推翻「羅訴韋德」案之後，美國人的宗教自由其實是變少而不是變多。如果有什麼東西變多了，那就是保守基督教會「干預別人的宗教自由」的自由。

在有宗教自由的社會，人人可以照自己的宗教去過活，意思是別人不能逼你照他的宗教過活，而政府會保證大家有這些自主的空間。但保守的教會一向不願意遵守這個規則，他們不滿意只有自己的教友不跟同性結婚，而是希望所有人都這樣做，他們不滿意只有自己的教友不避孕也不中止懷孕，而是希望所有人都這樣做。

若美國最高法院這次的決定真的保護了什麼宗教自由，這裡「宗教自由」的意思只能是「特定的教會干預其他人的生活」的自由。而實際上，這種不恰當的干預也已經引起宗教衝突，有個猶太教的拉比控告佛羅里達政府，這位拉比說猶太教支持在孕婦健康堪憂時中止懷孕，因此佛羅里達禁止中止懷孕，侵害了猶太教的宗教自由[01]。

「政教分離」會使得無神論成為「國教」嗎？

有些人認為，上述「宗教自由」看似中立，但其實是獨尊無神論的做法：當政府不能為了排擠特定宗教而施政，也不能依照特定宗教的教義施政，那這個政府不就是個沒信仰的無神論政府嗎？

其實並不。當歐洲國家立基督教為國教時，不信神的人是會被當成異教徒處死的，若比照處理，「無神論政府」會動用公權力禁止國民進行宗教活動。而現行的宗教自由與上述做法都不同，它要求政府不能這樣對待有信仰的人，讓國民自由選擇信仰。

「政教分離」其實是宗教的需求，而不是無神論的需求。當一個政府不在各種宗教之間選邊站，那他看起來就會像是支持無神論一樣，但這是兩回事。如果一個政府真的支持無神論，就像中世紀的歐洲國家支持天主教那樣，那這個政府應該至少得要摧毀教堂和廟宇，並對有信仰的人做一些違反人權的事。

就以美國的中止懷孕爭議為例，有些宗教不准自己的教友墮胎，有些宗教認為在特定情況下應該墮胎，秉持不同的行動準則，這些宗教的信徒如何可能在同一個社會共同生活呢？最簡單的答案就是：他們必須一起同意宗教信仰是自己的事情，不能拿來要求別人。所以上述衝突的解決方案不會是政府立法規定不許墮胎，也不會是政府立法規定在某情況下必須墮胎，而是政府保障人有充分的中止懷孕的自由，而人可以依照自己的信仰做出良心的選擇。

這就是為什麼宗教理由不該成為立法或施政的理由，因為只有這樣，不同宗教信仰的人才能在同一個社會裡過活，不會互相殘殺。只要一個宗教能同意自己的教義只管束自己的教友，而這種管束不至於侵犯人的自主（這是宗教和邪教中間那條線），社會就接納這個宗教的信徒成為一分子。

世俗規則是宗教衝突下的最大公約數

在《人權不是舶來品》裡，哲學家陳瑤華整理了《世界人權宣言》草擬的過程，當中有段介紹當初起草法案的委員會如何討論《宣言》第一條裡對人的描述[02]：

他們皆賦有理性與良心

They are endowed with reason and conscience

這段文字曾經有個版本是：

他們皆被自然賦予理性與良心

They are endowed by nature with reason and conscience

然而「自然」是什麼呢？是無意義的代稱，還是上帝或者其他宗教的神祇？許多委員來自有宗教背景的國家，無法取得共識，最後就把這詞刪掉，變成現在的樣子。

最終版本的「世界人權宣言」裡很少出現宗教元素，並不是因為當初起草者們多半是無神論者，正好相反，這個沒什麼明顯宗教意涵的宣言，是一堆宗教國家妥協出來的結果。同樣的道理，政府的世俗化，並不見得需要無神論者掌權，當然也不代表無神論者掌權，只要持有不同宗教信仰的人決定用殺人之外的方式解決問題，自然就會建立世俗的政府。

世俗的政府保障人做各種俗事庶務的自由，不管你有無信仰，你都可以到處移動、唱歌，在一定情況下可以中止懷孕。這看起來跟保障宗教自由沒有直接關係，但這只是看起來。人的宗教自由，最終還是建立在各種俗事庶務的自由上。若政府不准你移動，你要怎麼上教堂？若政府不准你唱歌，你要怎麼念經？若政府不准你中止懷孕，你要怎麼依循教義，在恰當的時候中止懷孕？

當然，世俗的政府保障人做各種俗事庶務的自由，最終並不是要替特定的哪個宗教服務，而是因為這些自由本來就是人的權利。就算沒有任何宗教把唱歌當成重要活動，人也一樣有權唱歌。各宗教的教義或許有衝突，但只要它們能把世俗人類的基本權利當成彼此尊重的最大公約數，一起過活就不會有問題。美國基督徒操弄聯邦政府對美國憲法的詮釋，讓州政府能干預女性中止懷孕的權利，是將那個多文化的國度往宗教衝突的臨界點又推了一把。

01——Michael Wilner,2022. "Rabbi's suit over Florida abortion law tests bounds of religious objections after Roe," *Miami Herald*.
02——《人權不是舶來品》第六十二頁。

不能自由殺人的社會，還算自由嗎？

為什麼自由不是隨心所欲，做什麼都行？難道這不是自由的基本精神嗎？如果自由還要受到道德、法律束縛，這還算自由嗎？如果我真自由，為什麼我不能殺人？

這問題可以有很簡單的答案：自由不是你自己自由就好，你不是孤島魯賓遜，是人群中的一個人。這個事實很難改變，而其結果很直接，如果你把自由理解成「隨心所欲，做什麼都行」，你麻煩就大了。然而，以下我想用更普遍的框架去想這個問題：為什麼我們應該把自由理解成特定的意涵？是什麼決定我們應該要把一個概念理解成什麼樣子？

自由不是「全能」

首先，概念是用來思考跟溝通，當然你可以造一個概念，然後從來不用，但這樣一來你也不會去問「這概念為什麼要造成這樣？」這種問題，因為問這問題，也是在使用此概念。

若要用概念來思考，概念得要符合思考所需的若干條件，例如避免矛盾，和其他概念必須有關聯，而且這些關聯要足夠明確等等。沒人阻止你打造有內在衝突的概念，例如「方形的球體」，但它的矛盾性質會大幅縮減其應用範圍（在我的經驗裡，「方形的球體」除了用來說明什麼是矛盾，好像沒其他用途：)）。也沒人阻止你打造跟所有其它概念都沒有任何關聯的概念，只是這種東西應該造不出來，就算造出來了，也無法用來做聯想和推論，更無法傳達給別人知道。概念的內容會決定此概念能怎麼使用。

不太一樣但方向類似的情況：若你擴充「隨心所欲，做什麼都行」的基本精神，把「自由」理解成「心想事成」，那雖然這個概念就此變得很威，但它的適用範圍可能因此縮小，因為沒什麼人能凡事心想事成。這個概念比較接近「全能」，而不是一般我們談的「自由」。你可以比較一下「全能」和「自由」在日常討論出現的頻率，以及它們用於描述的對象之間的差別。

「全能」跟「自由」的另一差別是，全能描述的是人的能力、人能辦到的事。全能的人可以飛，你不行，然而你不會因此不自由。若我拉住你的手不讓你走，那麼你不自由，但若你因為沒有飛翔能力而無法飛，我們不會說這叫做不自由。如果你主張無法飛、無法跳一百公尺高、無法憑空變出水餃來吃，這些都算是不自由，別人應該會認為你誤解了自由的意思，因為你想抱怨的事情有更通用的概念可以描述：你並非全能。

不能飛是一種限制，手被拉住而不能走也是一種限制，差別在前者並非來自人為而後者是。因此對於一個自由的人，比較好的描述應該是他不怎麼受到其他人為限制，因而可以做很多事，而不是他想要什麼什麼就會實現，後者這種更適合用全能來描述。

沒限制就沒自由

在社會上討論自由，不能以全能代替，除了因為人類本來就不全能之外，另一原因是在這脈絡下自由幾乎總是用來討論別人加諸在你身上的限制。如果被人加諸限制不好、不自由，那怎麼辦？除非你的解決方案涉及科幻情節或宇宙結構的超級大變動，否則只能以傳統手段處理：阻止別人對你加諸限制。所以追求自由實務上就是追求某種限制，這種限制用我們比較不在意的自由（例如殺人、跟蹤騷擾別人、偷東西）去換取「因為所有人都沒有上述自由」而產生的那些自由。

你的自由是社會藉由規則去限制人得來的，任何人都不能要求自己成為特例，在社會上享受不同規則。這是為什麼自由總是伴隨著限制，也是為什麼，若假設法律和道德的內容合理，一個自由的人有理由接受法律和道德的限制。因為突破這種限制的自由在機制上並不合理，也很難用來跟別人討論想法。想像一下：

專專：自由這種東西當然是越多越好。為了維持不被殺的自由而放棄殺人的自由，這太笨了。

小葉：但這兩種自由要怎麼同時成立？

專專：其實很簡單，假設我有不被殺的自由，又有殺人的自由，例如說我可以殺你，但你不能殺我。

小葉：？？？

大致上，我們願意跟別人討論這社會應該如何運作，是因為我們假設規則之前人人平等，社會運作的規則適用於所有人。如果某人心理構想的藍圖是他自己適用一套特殊規則，跟所有人都不一樣，那麼，他可能很難跟別人說明為什麼要這樣做。同時，我們也很難理解他為什麼會覺得自己能夠跟別人討論這件事情，因為如果他要求特殊規則，別人沒理由不能提出同樣的要求，而若大家都如此要求，整個「我們社會該要有什麼規則來約束大家」的協商就會失去意義。

實用建議

因此，面對某人抱怨「殺人的自由被社會剝奪了，在這社會大家都不是真自由」，我建議的應對程序：

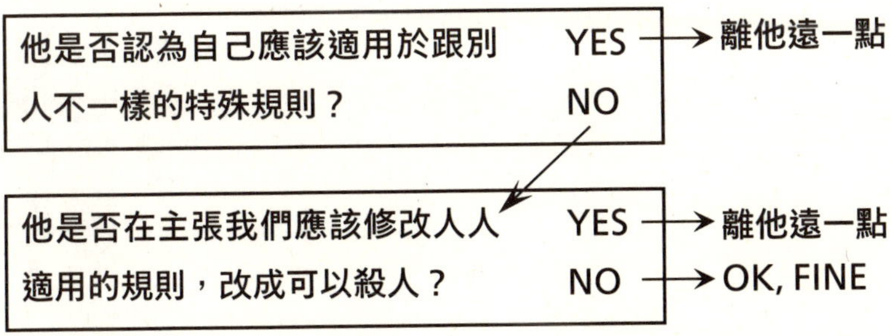
他是否認為自己應該適用於跟別人不一樣的特殊規則？
YES
NO
離他遠一點
他是否在主張我們應該修改人人適用的規則，改成可以殺人？
YES
NO
離他遠一點
OK, FINE

當你殺人，你也拋棄生命權了，對嗎？

有些人支持死刑，因為他們認為殺人就是放棄生命權：平常不能殺你，是因為你有生命權；一旦你殺了人，你就沒有生命權了，在這種情況下判你死刑是正當的，並沒有侵害你的權利。

這種路線看起來很單純合理，衍生的說法各式各樣。但以下我想說明，這個簡單明瞭的想法其實有些討論空間。

「放棄生命權」太強

「殺人者無生命權」有個隱藏含意，就算你支持死刑也未必認同。若殺人者無權殺人是因為人有生命權，那當一個人因為殺人而失去生命權，不會只有國家有權殺他，而是人人得以誅之，就像蟑螂和蚊子一樣。在這種情況底下，若警察抓到殺人罪的現行犯，根本不用等待曠日廢時的法庭審判，大可以直接槍斃他（要是抓到殺人犯的人是你，也一樣）。

現在國際上有少數社會有死刑，但沒有任何社會允許人落入「人人得以誅之」的處境，就算某人已經死刑定讞，監獄人員也不能私刑處決他。支持一個有死刑的社會，跟支持一個人人能殺害殺人者的社會，是兩回事，你想要前者，不見得想要後者，但若你支持「殺人者無生命權」，那你就是在支持後者。

在哲學上，「太強」（too strong）是有負面意涵的評價。說某個論點太強，意思是說它主張了太多東西，因此很難成立，或者讓論者在支持結論之餘，還得另外背負一大堆負擔。在這意義上我們可以說，要用來支持死刑，「殺人者無生命權」太強了。

當然，不管是這論點，還是下方的其他論點，都只是在評論特定看法，並不足以說明死刑不正當。若你要支持死刑，不見得需要主張「殺人者無生命權」，你可以主張例如說：殺人者只有某種有限的生命權，使得雖然並非人人得以誅之，但國家得以誅之。不過在這種情況下，你還是可以考慮以下顧慮。

「放棄生命權」太弱

不止「殺人者無生命權」有隱藏含意，死刑也有。當我們主張維持死刑，我們主張的不只是國家有權殺掉死刑犯，而且還是國家有義務殺掉死刑犯：將死刑犯放著不殺，代表國家失職。然而，「殺人者無生命權」縱使能給國家殺掉殺人者的權利（因為它給了所有人殺掉殺人者的權利），卻沒有賦予國家殺掉殺人者的義務。

在哲學上，「太弱」（too weak）也是有負面意涵的評價。說某個論點太弱，意思通常是指它主張了太少東西，因而不足以支持預想中的結論。在這意義上，我們可以說，要用來支持死刑，「殺人者無生命權」不但太強，而且同時也太弱。

「以牙還牙」的社會已經過去了

若你殺別人，你就被殺。這具有某種對稱性，看起來很公平。但在現代世界的道德和法律裡，這種對稱性其實不是常態，也不是慣例。小偷不會因為侵犯了別人的財產權，而失去自己的財產權；抄襲犯侵犯了別人的智慧財產權，社會給他的懲罰也不是反過來允許大家抄他的東西。

當然，現代社會的常見做法跟你想的不一樣，不代表你是錯的。自由戀愛、同性婚姻、在不信神的情況下度過完滿的人生，所有社會進展在當初往往都跟常見做法不同。說不定對稱性的懲罰才是正確的，或許在將來這些事情都會成為常態：殺人者死，小偷被處以「被偷東西」之刑，而性騷擾慣犯由國家則交給更厲害的性騷擾達人處理。

不過稍熟歷史就知道，人類社會的發展方向並不是讓對稱的刑罰越來越多，而是越來越少。人類確實有過，「以牙還牙，以眼還眼」的《漢摩拉比法典》，但那是三千多年以前的事。

具有上述對稱性的刑罰在現代社會很少見，理由顯而易見。刑罰本質上帶來傷害，而要為這些傷害提供正當性，對稱性的復仇追求並不足夠。人類曾經相信對稱性的刑罰可以藉由嚇阻來降低犯罪，但隨後發現真正帶來決定性影響的並不是嚴刑峻法，而是警政系統、社會教育和安全網的品質。

以最嚴峻的死刑為例，在相關討論裡，「沒有跡象顯示死刑比自由刑更能嚇阻犯罪」已經差不多是大家的共識。在法學家凡魯吉（Benjamin van Rooij）和犯罪學者范恩（Adam Fine）合寫的《行為失控》（*The Behavioral Code*）第一章，兩人耙梳了美國一九七〇年至二〇〇〇年之間關於死刑嚇阻力的研究爭論；在《死刑肯定論》裡，連支持死刑的日本法官森炎都承認目前並無證據顯示死刑具備大家期待的嚇阻力。在《反對死刑》（*Contre la peine de mort*）裡，法國前法務部長巴丹岱爾（Robert Badinter）也直說「死刑……甚至一點用處都沒有。它沒有嚇阻作用，而只是對暴力犯罪的一種反射行為。而且死刑從來沒有在世界上的任何一個地方成功減少血腥犯罪的發生。」[01]

如果你支持死刑，很容易想像死刑不但有嚇阻犯罪的效果，而且效果卓越。但這種想像並不是基於科學，而是基於人演化而來的復仇心。

01—— 出自《反對死刑》第四十六頁。

?

噢

CHAPTER ⑤

有些問題未免太左

為何有特權的人都不認為自己有特權？

「為什麼沒有異性戀大遊行？」

「我吃飯都不會剩廚餘，為什麼會需要廚餘處理廠？」

上面這兩個意見，一個來自學生族群喜歡的網路論壇Dcard（發文者在論壇上被圍剿），一個來自阻擋廚餘處理廠預算的政治人物。這兩個意見都受到許多批評，大家指出異性戀不像同性戀被邊緣化，而且廚餘真的需要處理。在這些大家都同意的事情之外，而我則想要指出，上述兩個意見背後或許來自同一種偏誤，以我的生活體驗去衡量別人的生活體驗：

1 如果某個問題我沒碰到過，那麼那個問題就不存在。

2 如果你要求某些我不曾主動要求，也不需要主動要求的東西，那麼就代表你要求太多了。

誤以為自己的體驗有代表性，是視野狹窄的表現

隨著處境不同，每個人在社會上的「使用者經驗」也不一樣。有些人有了小孩或者狗狗，需要推推車上街，才驚覺臺灣的公共空間對推車和輪椅很不友善。有些人在講國語的家庭長大，一輩子沒被開過口音的玩笑。

前幾週，一個國小老師跟我分享，他帶學生討論 #metoo 議題，男生和女生的反應截然不同。男生問：「如果是真的，怎麼會拖這麼久才站出來？」並擔心那些指控如果是誣告，那被指控的人該怎麼辦。而女生說：「天哪，那些女生怎麼敢站出來？以後身邊的人會怎麼看她們？」這些男生沒有意識到，班上女生的意見正好部分回應了他們的疑問。

在《傲慢的堡壘》（*Citadels Of Pride: Sexual Assault, Accountability, and Reconciliation*）裡，哲學家納思邦（Martha C. Nussbaum）討論物化和性騷擾的關連，用了幾個章節介紹美國職場性騷擾入法的歷史，若現在的美國人在職場能獲得性自主的基本法律保障，是因為一九六〇年代一群女性主義者賣力說服以男性為主的美國司法體系，讓他們了解性騷擾是非常嚴重（而且同時涉及歧視）的事情。

在《隱性偏見》（*The End of Bias: A Beginning: The Science and Practice of Overcoming Unconscious Bias*）裡，美國記者諾黛兒（Jassica Nordell）介紹了神經科學家巴雷斯（Ben Barres）的故事。巴雷斯是第一個公開的變性人神經科學家，藉由賀爾蒙治療從芭芭拉．巴雷斯成為了本．巴雷斯。在評估要不要變

性時，巴雷斯曾經擔心，已經習慣他是女人的科學界同儕，在他變性之後會不會用異樣眼光看他。巴雷斯變性之後，許多人對待他的方式還真的改變了——變得更友善。

照諾黛兒的敘述：「在他變性之後，不曉得他是變性人的那些人開始更仔細的聆聽他的意見，不再質疑他的權威。身為中年白人男子，在開會時不再有人打斷他。在證據不夠充分的時候，別人一次又一次地姑且相信他。他甚至在購物時得到更好的服務。」[01]

在變性之前，巴雷斯並沒感覺自己身為女性受到歧視，他以為學術界就是如此，每個人都受到嚴苛要求。直到他有了被當成男人對待的經驗，才意識到自己過去的處境有多糟。女生遭受的不公平，女生自己都不見得能察覺，更何況是男生。

社會越多元，每個人自己的生活體驗的代表性就越低，因為存在有越多跟他不一樣的人。一個人越沒意識到這點，他就越可能說出下面這些話：

■（男生說）現在已經性別平等了，至少我是沒再看到有女生受歧視了。

■為什麼要有生理假？為什麼學校要免費提供生理用品？當女生也太爽了吧，那我們男生也要免費的保險套。

■為什麼要特別做各種無障礙設施？如果你的機能跟其他人不一樣，你不是該自己想辦法嗎？

■為什麼要花時間做母語教育？母語不是應該在家裡學

嗎？

■為什麼電影主角群裡這麼多女人／黑人／多元性別？現在政治正確也太過頭了吧？

說出這些話的人，不會想到：

■性別會影響生活體驗，而歧視的處境需要知識和察覺。

■「舒緩生理期造成的痛苦和成本」跟「滿足性欲」不是同一種事情（可能也不會想到衛生所本來就有提供免費的保險套）。

■之所以需要「為了某些人製作無障礙措施」，是因為器物先為了其他人長成不方便這些人使用的樣子。

■你的母語不需要特地學，是因為你沒有在這方面受到被殖民的影響（或者另一種極端情況：你受到太深的影響了）。

■在這個西方文化強勢的社會，過去曾經有好長一段時間，主流電影的主角都是白人男性、女人都是花瓶、黑人角色都是壞人。這種過去不但本身就是一種不公平的結果，並且也進一步塑造了我們關於怎樣的電影才「正常」的看法。當我們看慣了電影裡只有異性戀角色，難免容易覺得「要加入同性戀角色可以啊，但你得要說明為什麼這裡需要個同性戀，不然感覺很『政治正確硬要』」。

你是「預設值」嗎？

若我沒意識到自己的生活體驗可能無法代表別人，我會傾向於草率的判斷別人的要求是「多出來的」，我會更不容易意識到，自己之所以不需要主動要求，是因為我在這方面剛好是社會的「預設值」。

這裡「預設值」就是字面上的意思，例如，一些汽車做衝撞安全測試時，成年男人的身材是預設值，所以它們的安全裝置就不那麼適用於女生。同樣的事情也發生在醫學和藥物研究上，在《被隱形的女性》（*Invisible Women: Exposing Data Bias in A World Designed for Men*）裡，英國作家佩雷茲（Caroline Criado Perez）蒐集了非常多案例。

就算你在某面向上是社會的預設值，不代表你在所有面向上都是。或許你運氣很好，沒有長成同性戀並因此受到性傾向方面的歧視，但你依然可能是女性並因此被低估智性表現，並且有原住民族某部落的口音因此被認為粗俗……等等。

在外表、性別、性傾向、族群、語言、富裕程度等等項目，每個人的狀況都不一樣，當中有些狀態還會隨時間變動。你不能期待自己永遠是天之驕子，大家都有在某方面成為弱勢邊緣族群的可能性，所以一個能看見差異並主動照顧不同者的社會，會是比較好的社會。誰都難保自己有天不會從預設值的籃子掉出去，砸碎在堅硬的地板上。

隱形的特權

但問題在於，在自己碰到問題之前，不容易看到問題的存在。你的特權是隱形的，所以別人的問題也是隱形的。

我手腳運作良好，所以比較不會注意到自己常出入的地方沒有無障礙措施。我不是常被在性方面吃豆腐的性別，所以對於怎樣的性別笑話會冒犯人比較不敏感。若有人倡議增設無障礙措施，我更容易質疑必要性，若有人討論某些笑話是不是不太恰當，我更容易認為他在小題大作。

以當前社會而言，「能自由行動」和「不容易被當成笑料」都是特權（privilege）。特權的特色就是，對於持有者來說是隱形的，就像水裡的魚不會意識到水的存在。如果一個人沒意識到自己擁有的種種特權，就很容易覺得別人是在進行額外的要求，而不是只是吃力的爭取想跟他受到比較接近平等的對待。

如果有人想辦異性戀大遊行，當然可以去辦，但就算沒有異性戀大遊行，這個社會也二十四小時撲天蓋地的宣傳異性戀，因為異性戀是社會的預設值。從家庭形式、宗教習俗到流行文化，這個社會絕大部分的時候都預設如果你是人類那你就是異性戀。這個社會根本不需要異性戀大遊行（but again，如果你想辦還是可以去辦），這就是為什麼這個社會需要同志大遊行，在異性戀霸權底下，多元性別需要被看見，如此一來，其他在性別方面位於預設值的社會成員，才會在各種情況下考慮到他們，並做出更好的判斷。

如果你沒注意到自己在性別方面位於預設值，你可能就不會意識到上面這些，然後你就會抱怨同志（和那些支持同志的人）為什麼要辦假鬼假怪的同志遊行。這就像是，當你認為自己吃飯感覺沒生產什麼廚餘，不需要花大錢做廚餘處理廠，這可能只是因為你剛好沒涉及那些食物會產生廚餘的階段、剛好不是需要處理廚餘的人，而且你過於習慣用自己的生活體驗去判斷這個世界的其他部分。

01—— 出自《隱性偏見》第八頁。

為何社會對女人外貌管得特別多？

「火」是韓國獨立記者團體「追蹤團火花」的一員，和伙伴「煓」一起揭發了韓國史上最大的數位性犯罪「N號房」。在《您已登入N號房》（우리가 우리를 우리라고 부를 때）這本書裡，除了說明前述案件，兩位作者也評論韓國社會的性別氛圍，其中一個例子，是「火」描述自己如何克服種種內外難關，才順利剪了短髮。

要擁有以男生來說稀鬆平常的短髮，火不但得對抗自己心裡「女生不是就該留長髮嗎？」的障礙，也必須說服無論如何都不相信他是真心想要剪短髮的設計師，他前前後後跑了三家理髮廳，和理髮師來回斡旋，才逐漸讓頭髮短到令自己滿意。從身材、髮型、衣著到化妝，在意識到自己每天花了多少時間處理這些事情後，「火」引用了李敏京《掙脫束衣：到來的想像》裡的說法：

我們現在才知道，男性為了上班，必須達到一個「人的

模樣」的基本值，這與我們至今所認知的完全不同。女性為了具備「人的模樣」，每天要花費一定時間和金錢才能接近那個基本值，相反地，男性早就達到了「人的模樣」。

相對於男性，女性需要花更多成本打理外貌，因為社會給女性更多壓力，相關的現象不難察覺：

■食品、保養品、化妝品、醫美手術，在與外貌有關的花費上，以女性為對象的產品更多，消費金額更大。
■有一些跟外貌和禮貌有關的規定只適用於女性，例如某些場合需要化妝，而對應於這些規定的「男性版本」規定並不存在。
■女性外貌受到正面強調的情況高於男性。就算你是因為學術成就上報，報導還是很可能強調你的外貌。
■女性外貌受到負面強調的情況高於男性。這從網路新聞底下的留言可以看出來。而且就算是以主流審美而言已經很不錯的女性，外表依然會受到挑剔甚至羞辱。

為什麼社會特別在意女性的外貌？

為什麼社會特別在意女性的外貌？我相信社會學和人類學研究應該已經有滿完整的答案，即便可能還沒有完全無爭議的答案，可惜我不是專家，無法代為回答。然而我想分享一個關於「社會是如何長成這樣」的粗略看法，這個看法來自哲學家金里卡（Will Kymlicka）的著作《當代政治哲學導論》（*Contemporary Political Philosophy*）裡討論女性主義的章節，對我來說很有啟發性。

金里卡設想一個假想社會，這個社會滿足四個條件：

- **限制女性避孕和墮胎**
- **人無法同時領薪工作和撫養小孩**
- **撫養小孩屬於母職**
- **家務勞動沒有酬勞**

金里卡認為，在這假想社會裡，女性和男性會發展出截然不同的生存策略。若你是降生在這社會的女性，你會知道自己最好趕快找個可靠的人嫁了，因為一旦你懷孕生小孩，就無法工作養自己，而就算你不願意懷孕，你也無法保證自己不懷孕，而一旦你懷孕，社會就會努力逼迫你生下小孩。

在這種情況下，不會有太多女性出外工作，因此工作也不會特別青睞女性，就算少數雇主還是願意雇用女性員工，他會預期這人待不久，因此不需要提拔、沒有可期待之處，並且最好避免把重要的工作交給他做。在這種社會裡，男人的精力會花在確保自己有穩定收入，而女性的精力會花在確保自己能成為某人的妻子。

你不難看出來，人類歷史上多數社會跟這個假想社會都相去不遠。而於我而言，這種社會環境造成的影響之一，就是女性為了生存而養成的技能大部分都跟家務、照顧和取悅男性有關。文靜、細心、有同情心、溫柔婉約、善解人意、這些特徵在許多社會被當成女性的美德，並不是沒原因的，社會能要求女性連內在和個性都為了成為賢妻良母而做好準備，更別提臉皮和頭皮上的東西了。我相信「維持外觀」只是前述「取悅任務」的其中一條支線。

叫女生打理好自己，以免她們有空推翻父權

這類「取悅任務」的要求和追求也可能造成惡性循環，讓女性難以擺脫社會給自己的身分和任務。例如：

■要維持外觀（以及「善解人意」等內在），需要女生花費很多成本，而男生可以把這些時間心力拿去發展其他技能，像是數學或黃色笑話。

■在這些要求當中，許多項目會阻礙一個人獲得競爭力。例如傳統上要求女性不要有太多意見、不要展現太多自信、不要固執己見等等。

■對於女性外貌的要求，讓女性更容易受到各種騷擾和攻擊。明顯對自己外表毫無努力的男性留言批評專業女模「臉蛋形狀挺好的就是鼻子有點扁，可惜了」是網路常態。

從上述你可以看出父權體制的完整和緊密。有些人容易把「當女生的壞處」描述成僅僅只有需要懷孕生小孩，然而：

■光是懷孕生小孩都可以帶出一整套要求，包括女性要為了做了好媽媽而想辦法把自己嫁出去（因此要在外表和內在方面符合父權要求）。

■當女性越配合這些要求付出心力，他們的未來選項就越窄。

■當多數女性都願意付出心力維持外表和內在，他們就會和平均的男性展現出足夠的差異，讓沒有社會學眼光的人以為這些差異有先天的因素。

■而這會差異也會影響社會和職場環境，讓「出格」的女性落到不好的處境。

父權體制環環相扣，每個特徵都有複數功能，彼此互相保護，防止社會變動。這是為什麼就算我們知道「社會給女性更多外貌要求」，也必須要付出很多努力，才有機會換得一點點改變。

厭女就是討厭女性，對嗎？

臺灣性別意識逐漸抬頭，許多討論性別的詞彙也開始通用，例如「厭女」（misogyny）。有些人習慣說文解字，把「厭女」理解成「普遍性的討厭女性」，並且把「厭女言論」、「厭女行為」理解成「出於這樣的討厭，而去發表的言論／去執行的行為」。這些理解不恰當，因為許多言論不是出於普遍性的討厭女性，但依然會被認為厭女，例如：

1. **「男人在講話，女生安靜聽」**
2. **「日本女孩子比較漂亮，不像臺灣女性素顏上街嚇人」**[01]
3. **「女生書不要讀太高，不然很難結婚」**

你很難主張說這些話的人都是因為討厭女人才這樣說，在當中一些例子（例如討論結婚那則），他們甚至看起來滿關心女人。然而，就算並非出於討厭女性，上述發言依然有對女人不公平的效果：

■「男人在講話，女生安靜聽」在試圖建立性別權力不對等的討論。

■「日本女孩子比較漂亮，不像臺灣女性素顏上街嚇人」是對不化妝的女人容貌羞辱，並且暗示化妝是女人的義務。

■「女生書不要讀太高，不然很難結婚」應該是三者之間看起來最善意的，但它依然在結果上限制女人的人生發展，並且預設女人應該結婚。

上述說法顯然不適用於男人，而是單單用來約束女人，該如何理解這種不公平？照哲學家曼恩（Kate Manne）在《不只是厭女》（*Down Girl: The Logic of Misogyny*）裡的說法，最有說明力的理解並不是「因為說這些話的人討厭女人」，而是「因為說這些話的人接受父權秩序，認為女人應該符合某些規範，表現出女人該有的樣子，所以他們依循這樣的想像去『管秩序』」。

厭女是父權糾察隊

我們有理由把厭女理解成是在替父權管秩序，而不是普遍性的討厭女性，因為：

事實上很少人真的普遍性的討厭女性。以臺灣來說，就算是整天在網路上發表「盆栽要剪女人要扁」、「兩性憑拳」、「women ☕」的人，大概也不見得會討厭自己的女朋友、媽媽、妹妹、女兒。

這些人並不是普遍性的討厭女人。若他們討厭女人，討厭的也是某些「不守規則」的女人，例如「ㄈㄈ尺」（跟外國人交往）的女人、參與 #metoo 運動的女人、斷然拒絕追求不給男人面子的女人、要求小孩跟媽媽姓的女人、從政的女人或者公開發表政治意見的女人。我們可以看到，基本上沒什麼人是普遍性、一視同仁的討厭女人，就算一個人厭惡部分女人，他也是會先區分出「好女人」和「壞女人」，接著再批評或攻擊後者。

厭女針對壞女人，並藉此約束所有女人

這裡我們若要看清楚問題，就得注意什麼時候事情是真的跟性別有關。假設有個女人騙你錢，或者揍了你一頓，因此你相當討厭他，並且批評或攻擊他，這不代表你厭女。因為在其他條件相同的情況下，騙錢和揍人本身就是壞事，跟做出這些事情的人是什麼性別無關。反過來說，當一個女人受到厭女攻擊，這往往是因為他是女人，並且觸犯了父權社會當中不希望女人去做的事情，例如跟外國人交往、參與 #metoo 運動、斷然拒絕追求、要求小孩跟媽媽姓、從政、公開發表政治意見。比較一下做了相同事情的男人，你會發現，時至今日性別還是很大程度影響一個人在這個社會上能做什麼事。

因此，這些批評和攻擊，與其理解成是出自普遍性的對

女人的厭惡，更完整的理解應該是：它們是選擇性的對付不符合父權規範的女人。如此一來，我們就可以有系統的理解「厭女」，大致上：

1 父權是一種社會秩序，依照人的性別去分配工作、位階、資源和權力。
2 和其他社會秩序一樣，父權需要自我維持，並且處罰不配合的人。
3 厭女就是父權用來自我維持的機制，若你是女性但不符合父權的規範或期待，其他人就會察覺並且阻撓或傷害你。

你可以看到，厭女行動雖然是針對不服從父權秩序的女人，但實際上管轄和約束了所有女人。這就像是，就算一個獨裁王國只處罰反抗者，這個王國依然管轄和約束了所有國民：反抗者受處罰，而其他人則因此不反抗。

值得注意的是，上面這些討論並不是「有個哲學家叫凱特．曼恩，他主張厭女的意思應該是如何如何，所以我們要照著他的說法去用這詞」，因為哲學家並沒有權力去決定一個詞的用法。曼恩對厭女給出一個分析，這個分析很明確，具備一定的解釋力，並且也能協助我們診斷現象，至於要不要使用這個分析來理解「厭女」，你可以自己決定。

「厭女」不該譯成「厭女」嗎？

關於哲學家曼恩的說法：厭女並不是在厭惡女性，而是在「管秩序」維護父權。有些人認為，就算曼恩指出了值得注意的社會現象，並且值得創造一個詞彙去描述，這個詞彙也不該是「厭女」，因為「厭女」會引誘人往「厭惡女性」去理解，過於誤導。這些人因此主張倡議者應該改變策略，使用比「厭女」更有效的詞彙。

對於詞彙該不該換掉，我並沒有特定立場，但認為有些想法值得考慮。

詞彙源頭的思考

「厭女」確實引誘人理解成「厭惡女性」，但原文詞彙「misogyny」在這方面沒有比較好。這個希臘詞的意思就是「厭惡女性」，過去一百年才逐漸延伸出現在女性主義者的用法。然而即使是現在，不管在劍橋、韋氏或其他常見的英文辭典，「misogyny」這個字第一行的釋義照樣都會出現「hate」、「hatred」」等代表憎恨的詞。我不是在說「既然英文使用者有能耐使用誤導性的詞彙，那我們中文使用者也應該如此」，但至少現在我們可以理解為什麼「misogyny」當初會翻譯成「厭女」。

父子騎驢的疑慮

「既然『厭女』這麼誤導，幹嘛不換掉呢？」

很合理，但我認為在各種情況下，當旁觀者發現自己有衝動想問：「你幹嘛不怎樣怎樣做呢？」都應該再多想想。因為就算旁觀者清，你也不太可能站在旁邊看個兩下子，就得出當事人還沒想過的好點子。

若你不是當事人，沒有經歷過當事人的各種嘗試和失敗，你的點子可能別人早就嘗試過並且放棄了，或者基於其他原因窒礙難行。父子騎驢路人意見最多，並不是因為路人有真知灼見，而是因為路人不知道哪些點子不需要提。

當旁觀者和倡議者的處境差很多，這些考量尤其重要。照我的經驗，若有某個「女性主義者在倡議上應該如何如何，較為明智」的建議，並且此建議大致上只有男性支持，或者只受到男人熱烈討論，那這個建議往往要嘛是重新發明輪子，要嘛搞錯了一些事。

責任分配的問題

若你認為「厭女」不是好翻譯，就算這意見正確，也可能同時造成你不想要的效果，想像：

善意的旁觀者：我覺得「厭女」這翻譯不是很好，容易讓人誤解。

真正的厭女者：是不是，女拳就沒有要好好說話，真的不能怪我們啦

在這類涉及歧視和邊緣化的議題裡，倡議者本來就比較容易被認知剝削（epistemic exploitation），也就是被別人以「你是倡議者你有義務要好好說明」的態度耗盡心力 。

因此，就算「厭女」真的容易誤導，所以不是夠好的翻譯詞彙，提出建議的人也有理由避免自己強化不公平的責任分配，把一些人無知和拒絕溝通的問題形塑成另一些人使用了不明智的倡議策略的問題。

概念普及的前例

現在「厭女」還遠不是準確的通用詞彙，許多人根本不使用，許多人明顯的誤用，許多人的使用屬於合理範圍，但彼此對於明確來說該如何用並無共識。或許有一些案例能協助我們判斷「厭女」在將來是否可望更普及，並且在使用上更有共識。例如「歧視」。

在我看來「歧視」一詞的處境跟「厭女」相當類似。許多人誤以為厭女是厭惡女性，就像過去許多人認為歧視伴隨著有意圖的鄙視和看不起人。十幾年來經過大家的努力，社會大眾已經逐漸能接受「歧視」往往出於意識之外的刻板印象，因此是無知而不是故意（而且這也使得「微歧視」逐漸成為多餘的詞彙）。或許這代表我們也可以期待在未來大家逐漸掌握「厭女」較合理的用法。

替代方案的考量

就算翻譯字眼不改變，我相信「厭女」這詞彙依然會逐漸普及，就像過去幾年來以比較合理的方式使用「歧視」這詞的人也越來越多。然而我也可以理解有些人覺得「厭女」會引誘人以字面理解，因此在倡議和討論上不好用。如果要用其他詞彙取代「厭女」或者並行使用，有哪些可能選項？

有些人推薦維基百科目前使用的「女性貶抑」，但我自己比較保留。如果「厭女」會引誘人去錯誤的認為厭女必須厭惡女性，「女性貶抑」也會引誘人去錯誤的認為厭女必須貶抑女性，但這兩個條件都不是厭女所必須。當長輩善意提醒「女生不要讀太高，以免難找對象」，長輩並沒有厭惡女性，也沒有貶抑女性，但這依然是厭女行為，因為它給追求受教育的女性帶來壓力，促使他們重回父權軌道。以詞彙選擇來說，在我看來「女性貶抑」的劣勢跟「厭女」差不多，但缺乏「厭女」的優勢：對應原文「misogyny」。

雖然我不認為「厭女」非得換成其他詞彙不可，但若一定要換，或者並行使用，我自己偏愛的詞彙是「父權糾察」。我認為這個詞有幾個好處：

1 符合曼恩對厭女的理解：厭女是父權社會的執法機構，用來給不符父權期待的女人好看。如果你喜歡曼恩式的理解，我認為「父權糾察」這個詞字面的意思足夠接近，更好推廣曼恩的想法。
2 在各種詞性都容易理解：「拒絕父權糾察隊啦！」、「女人真的很衰，化不化妝都會被父權糾察」、「你的建議雖然是一番好意，但會有父權糾察的效果」
3 符合曼恩的洞見：容易用來強調效果而不是意圖，可參考上面最後一個例子。

活用語言的建議

最後，有件事情或許可以注意：當你需要糾正某個厭女行為，但又覺得「厭女」這詞彙在當下情況不夠好用，這時候你不見得需要糾結該把這概念改成什麼，因為你可以跳過這個概念改用其他說法。就像我們需要糾正歧視言論時，可以跳過「歧視言論」這概念，視情況直接指出不妥之處：

咪咪：雖然小喬的計畫沒過，但原住民都很樂天應該沒問題吧？
羅利：用刻板印象推斷不準吧，而且人家可能會困擾哦！

同樣的道理，我們要糾正厭女言論或行動時，也可以直接跳過「厭女」這概念：

大馬：小喬上臺報告還是應該穿裙子，比較可愛。

烏烏：他穿什麼干你什麼事，你父權糾察隊嗎？

我如此建議，並不是要你放棄使用「歧視言論」和「厭女」，而是說：

1 並不是每次面對歧視言論和厭女，你都需要提供對方一堂完整的「歧視言論課程」或「厭女課程」。

2 就像沒人喜歡被指責歧視，一般人大概也不會喜歡被說厭女。確實，歧視者的歧視和厭女者的厭女都值得直接指出來，若他們因此生氣或心靈受傷，並不是你的問題。但畢竟要如何說話操之在你，若你認為使用某些詞彙會降低說明力，並讓別人產生你不想要的抗拒，那你當然可以選擇你認為好用的其他說法。

3 你看，「父權糾察」真的很好用。

我們都有平等的言論自由嗎？

照常見的理解，當一個人在社會上擁有言論自由，意思就是他可以自由說話，不會受政府事前審查，或者事後懲罰。不過讓我們思考一些特別的例子。假設說，雖然法律沒禁止你說話，也不會審查你的發言，但是：

1 基於這個社會的殖民或移民歷史，你屬於很邊緣的族群，你最能用來熟練表達意見的母語社會上很少有人聽得懂，這個社會的主流語言是你的第一外語，講起來不流利。
2 你的族群在社會上蒙受特定汙名，以致於每當你替自己發聲，別人就覺得你是歇斯底里、無理取鬧。
3 你屬於受壓迫的族群，社會提供主流族群豐富的資源來羞辱你，因此每當你替自己發聲，都必須忍受尊嚴受到打壓的傷害，並且進行不成比例的情緒勞動。

當你落入以上任一處境，你算是跟社會上的其他人擁有同等的言論自由嗎？這個問題的答案，當然取決於你如何理解言論自由的守備範圍，或許有些人會堅持說，只要政府不對你事前審查和事後懲罰，你的言論自由就毫髮未損。然而，首先：在民主社會，言論自由之所以重要，就是因為我們能藉由發言來跟社會上的其他人溝通需求、互相協調、追求正義和公平。如果我基於自己的身分因素，難以流暢表達意見、不受認真看待、需要受傷才能參與討論，那對我來說言論自由的意義將大大的減損。

再來，我們也可以類比思考一下：假設行人在路上行走並不會觸犯任何法律，但市區交通混亂，路邊和騎樓滿是違停和阻礙物，行人穿越道和人車分流都缺乏良好設計，宛如行人地獄。在這種時候，我們能說行人在這個社會有充分的行走的自由嗎？

就算我們對於言論自由的守備範圍沒有共識，至少應該可以同意，上述的❶至❸都顯示了關於言論值得擔憂的現象，也就是說，就算事情並不是「社會上某些人的言論自由比其他人少」，至少也是「社會上某些人在言論方面沒有受到公平的對待」。

為什麼我們難以在語言方面平等待人？

社會難以在言論方面公平對待所有人，這背後有很多原因，例如下面這些。

語言的不正義

考慮地球的戰爭、殖民和族群融合歷史，你的社會的通用語言不見得是你的第一語言。有些臺灣人在台語環境、客語環境或者各種原住民族語環境長大，他們必須學會流利使用國語，才能跟人溝通。

語言不正義的問題，甚至不只是「如果你無法流利使用主流語言，那你會陷入不利處境」的問題。就算你能流利使用主流語言，也不代表主流語言能表達你想表達的內容。人類發展語言來描述我們在意的事物，如果兩個族群的價值觀和處境不同，發展出來的語言內容也不會一樣。《我說，所以我存在》（*Sprache und Sein*）的作者古慕賽（Kübra Gümüşay）是德國土耳其移民後代，德語已經算是古慕賽的第一語言，但他依然往往得要回到土耳其語，才能找到真正貼切的詞彙。

詮釋的不正義

有時候並不是某個語言少了某個關鍵詞彙，讓你無法表達所想。而是整個社會的所有語言資源加起來，都無法表達某些概念。在這種時候，你並不是「心中想法，有口難言」，而是連想法的產生都窒礙難行。例如，在「體罰」這概念出現前，師長毆打小孩的行動，往往只會被理解成「正當管教」，很少有人會去質疑。這種「因為概念短缺，讓某些弱勢處境無法被恰當理解和表達」的現象，被哲學家弗里克（Miranda Fricker）稱為「詮釋的不正義」。

證言的不正義

人擅長替別人歸類。在社交場合遇上一個人，他的外型、衣著、說話方式，很快就能讓你決定要如何回應他，甚至決定要不要繼續花時間在他身上。有些研究顯示，我們能藉由短時間的相處來了解一個人的程度遠低於我們所認為，但我們依然習慣這樣做。性別、族群和口音都會影響別人如何評估你說的話，有些研究顯示，同樣的履歷內容，光是把男生名字改成女生名字，都會降低受試者對於當事人能力的評估。這種「因為身分偏見，你在某領域的發言可信度受到低估」的現象，被哲學家弗里克稱為「證言的不正義」。在《知識的不正義》（*Epistemic Injustice: Power and the Ethics of Knowing*），弗里克對這兩種不正義進行了深入的分析。

溝通情境的不正義

在一個社會裡，不同族群手上有不同議題和方向需要倡議。你屬於怎樣的族群，以及你想要倡議那個議題，往那個方向倡議，這些都會影響到你的倡議過程有多痛苦。一些例子：

■如果你的倡議是為了解決你的族群在社會上被邊緣化的問題，例如原住民族文化不受尊重、女性在各種空間被排除、多元性別和性傾向不受認同等等，那你連跟別人說明這些問題存在都很困難。大家已經習慣社會的模樣，因此不覺得社會對不起你，畢竟「男主外女主內」、「一夫一妻」都是天經地義的事情，不是嗎？我們偶爾

可以看到觀光客闖入原住民祭典的新聞，但比較一下：臺灣人習慣在道路搭棚辦喪事，沒有人會覺得這種場合你可以隨便闖進去拍照，該受尊重的漢人習俗對我們來說是社會常識的一部分，但該受尊重的原住民族習俗則不是，這個社會在背景知識上的分布並不公平。

■如果你屬於受到壓迫的族群，那你進行任何倡議都會比較困難，因為社會上往往替想要傷害你的人準備好武器。比起專門用來羞辱男性的詞彙，臺灣社會有更多專門用來羞辱女性的詞彙。在中文裡，你很容易想到詞彙來罵原住民，但你可能想不到什麼詞彙能用來罵漢人。「白浪」這個用來指稱漢人的詞彙，現在或許在一些使用上有貶意，但實際上來說，你依然很難用這個詞來成功的羞辱漢人。

■如果你屬於受到壓迫或汙名化的族群，那社會上的其他人也會更樂意羞辱你。同樣討論性別，我的女生朋友在公開貼文底下受到的辱罵永遠都比我多。同樣的情況也發生在胖子、原住民、神經多樣性族群和多元性別族群身上。

言語自由，阻礙重重

人要真的能夠自由的發表某意見，需要許多環節暢通：

1 擁有自主的思想並握有足夠豐富的概念來產生此意見。

2能夠使用通用語言。

3通用語言足夠豐富，能描述此意見。

4在相關議題發聲時，不會因為口音、族群刻板印象等因素被低估可信度，或者不被當人看。

5 在相關議題發聲時，不會因為不對等的困境而必須承受過多尊嚴傷害或必須進行過多情緒勞動。

當這些環節不暢通，使得人無法享受言論自由，未必來自政府的事先審查或事後處罰，並更可能來自社會背景的不正義。如同我們的法律和政策不見得真的是為所有人設計的，我們的語言和思想所需的概念也不是，然而語言和概念對於言論自由能帶來多少好處的影響，不會少於法律和政策。

當「言論自由」傷害言論自由，我們能怎麼辦？

有些人認為，臺灣二十年來的網路討論氛圍越來越糟，你講的話別人不喜歡，動不動就炎上你，造成你的心理傷害，讓你與其說話寧可不說，這些人可能會補充說，這是一種「言論緊縮」，傷害了大家的言論自由。

許多人同意近年來討論氛圍變糟，但不同意我們用「言論自由受損」來描述這種狀況。這些人會指出，你因為怕被別人罵而不敢說話，這不叫做言論自由受損，要言論自由受損，你得要因為害怕被政府迫害而不敢說話才算數。

現代人多半經驗過或聽聞過威權時代對人權的迫害，因此在自由的議題上，對政府行徑特別敏感。然而，延續前一篇文章的看法，我想指出，言論自由渴望排除的，或許不只有來自政府的恐嚇。

社群時代的威權政府，還需要查你家水表嗎？

對威權政府而言，侵害言論自由是為了控制人民思想，進而穩固政權。我們在這方面的極致恐懼，或許類似喬治歐威爾（George Orwell）《一九八四》（*1984*）的真理部：藉由舉報言論，並且查封和竄改出版品，來改造人們的思想，讓大家相信自由就是奴役、戰爭就是和平、老大哥就是真理。

《一九八四》寫於七十年前，在喬治歐威爾當時的想像裡，政府光是審查言論並搞定出版品就能搞定人們所思所想。然而在進入社群時代的現在，這種想像依然實際嗎？

言論是思想的競技場。同樣是為了控制人民思想，現在的資訊戰主打的並不是查封網路言論，而是製造和散布更多網路言論，要讓你無法有效發聲，不需要讓你閉嘴，只需要讓其他人轉移注意力。當我們想像一個人言論自由受損，我們習慣想像他的言論被審查或者他基於言論受處罰，但這些條件成為「言論自由受損」的典範，或許只是歷史的偶然。

對威權政府而言，如果查封言論和依法處罰發言者就能控制民眾的思想，那當然再好不過。但如果這些做法不可行，或者不足夠，威權政府也不會放棄使用其他手段，例如製造海量言論來淹沒公共空間，讓真正有心參與討論的真正人類就算發出聲音也不會被聽見、就算被聽見也不會被當一回事，或者藉由政治宣傳（propaganda）改變關鍵政治概念的定義，讓人無法使用這些概念來維護自己的權利[01]。

諷刺的是，中國對臺灣打資訊戰相對容易，臺灣對中國打資訊戰相對困難，主要因素就是中國政府反對言論自由，而臺灣政府支持言論自由。臺灣社會有言論自由，所以中國有機會製造言論來破壞臺灣的公共討論，使得臺灣人不去注意其他臺灣人說了些什麼，或者根本不信任，甚至仇視其他臺灣人。當中國這樣做，我想一個恰當的描述應該是：中國在利用臺灣的言論自由來侵害臺灣的言論自由。

當言論自由被用來傷害言論自由

要在資訊戰的時代保護言論自由，我們可能得要考慮到，不只有事前審查、事後查禁、查水表、人身迫害這些事情能傷害言論自由，言論也可能傷害言論自由。

如果你因為其他帳號一直洗版而無法順利回應（回應了對方也看不到），或者因為不斷受到謾罵騷擾而無法讓心智正常發揮，表達意思，那這在表論表達的結果上，跟你因為擔心被查水表而不敢回應，並沒有什麼重要的差別：你的回應都被嚇阻，或者被無效化，失去了溝通的效果。

當然，被囚禁、殺害、凌虐、連坐，這些事情都比在網路上被罵可怕許多，在侵犯人權的程度上，恐怕也根本無法比較。對於威權政府而言，野蠻的時代有野蠻的手段，看似進步的時代，也有奸巧的手段，當兩種手段在結果上都有限制言論的效果，我們不該因為其中一種手段比較不令人毛骨聳然，就認為它無涉言論自由。

有些人認為「言論自由」一詞，是專指「要求國家不能限制人民言論的『言論自由』」，因此只有當政府對言論或說話者動手腳，才算是限制言論自由。

我不是很同意這說法。當你因為批評臉書而被降觸及，難道不算是臉書限制了你的言論自由嗎？若你在自己的專業領域必須討好大老才不會受到排擠，你在這領域算是擁有充分的言論自由嗎？若你所屬的族群和語言在社會上受到歧視，被認為粗俗不入流，因此沒人在意你發表的政治意見和你的需求，那你算是在這社會享有言論自由嗎？很顯然不只有政府能限制言論自由，或者說，若把言論自由理解成只能受到政府傷害，那這個概念會變得比較沒有用處。

有些人認為查水表是政府幹的，比較嚴重。我同意，但我認為這跟當前討論並沒太大關連：

1 政府對社會有特殊的政治義務，因此大部分的壞事，政府去做本來就比平民去做嚴重，不論這壞事是否涉及傷害人民的言論自由，都一樣。

2 如同前面提到的，要嚇阻你讓你閉嘴，現代的威權政府就算不查你水表，也可能製造假帳號去洗版或謾罵你。若你主張「威權政府查我水表算是侵害我的言論自由，但製造假帳號洗我版謾罵我則不算侵害我的言論自由」，你覺得你的言論自由會變得更危險，還是更安全？

如果一個人的言論自由是否受損，要看他在參與當前討論這件事情上受到多大嚇阻，那如果群眾謾罵騷擾和洗版足以嚇阻人發言，或是讓意見交換窒礙難行，那這些事情就足以傷害言論自由，不管這些事情最終是否出於政府之手。

有些人主張，你要在社群網路時代參與討論，心臟本來就要夠強，不能被別人罵罵玻璃心碎，就說別人傷害你的言論自由。

我對這說法沒有很完整的回應，只有一些想法：

■首先，假設雖然法律沒有禁止我穿女裝，但只要我穿女裝就會在街上受到謾罵和騷擾，那我真的在這社會算是擁有穿女裝的自由嗎？

■再來，這說法預設了某個「人應該為言論付出代價」的合理標準，照這標準，查水表和（真正意義上的）抄家太超過，但洗版和謾罵騷擾則可以接受。但如果我們認為言論自由保護你說話不被查水表和抄家，為什麼我們不進一步認為言論自由也保護你說話不被洗版和謾罵騷擾呢？

■如果這只是因為，在臺灣過去歷史實際的發展上，威脅臺灣人民言論自由最顯著的組織，使用的是查水表和抄家，而不是洗版和謾罵騷擾，那我們可能要擔心，自己關於言論自由範圍的想像，會不會受到歷史影響。

■現實來說，照大家最擔憂的脈絡來看，這些洗版和謾罵騷擾，現在也可能來自想要控制鄰國人民思想的威權政府。

最後我想補充：「不友善氛圍」值得重視，因為不友善氛圍的分布並不均勻。在男人們開始感受到不友善氛圍造成「言論緊縮」之前，臺灣公共討論領域的女性、少數性別和邊緣化族群早就已經在承受不友善氛圍的痛苦和嚇阻。若你跟我一樣，幸運的在社會上屬於主流且強勢的族群，那當你認為查水表和抄家足以威脅言論自由，但不友善氛圍並沒到那程度，或許部分原因有可能是因為，雖然你了解何謂查水表和抄家，但你過去並沒有太多機會體會不友善氛圍。

01—— 關於政治宣傳威脅語言和概念的討論，可以參考哲學家史丹利（Jason Stanley）的《修辭的陷阱》（*How Propaganda Works*）。

現在社會還不夠進步嗎？怎樣才夠？

面對進步價值倡議，一種常見的反駁是：

1 沒錯，過去社會很不平等，女性、原住民、黑人受到壓迫和奴役。

2 但現在社會已經平等了，這些人都受到公平待遇，也沒人歧視他們。

3 所以雖然過去的女性權益、原住民權益和黑人權益倡議很合理，但現在的女性主義倡議、原住民文化保存、「黑命關天」（BLM，Black Lives Matter）都是過度索求、貪得無厭。

現在社會並沒有平等。不管在美國還是臺灣，大部分政治權力依然掌握在（白人／漢人）男性手上、女性掌握更少權力，因此也領取較少薪資，並無償負擔大半家務勞動、原住民文化不受尊重，且很輕易就能被漢人用方便的詞彙羞辱。

不過在這裡我並不想要藉由這些證據證明上面那種反駁是錯的。我想要用一種更一般和抽象的方式，去說明為什麼上面那種反駁吸引人但站不住腳。

恭喜！今年人類首次道德及格！

人類歷史血跡斑斑，小孩、婦女、戰俘、奴隸，在過往大部分時間裡，人類社會的特色就是剝削和壓迫多數人來維持少數人的生活。所幸平等、自由、人權等概念在十九世紀逐漸覺醒，並藉助二十世紀人類差點毀滅世界的餘悸快速的擴張，因為大家都相信若無法維持普遍尊重，就無法維持和平，那麼遲早會有下一個強權首領（或者沒當上畫家的人）把手伸向毀滅性武器啟動鈕。

總之，我們人類在二十世紀相當努力，把女人、黑人、小孩和各種原住民該有的權利和尊嚴都還給他們了，所以我們在二十一世紀才能過上現在這種真正人人平等的生活，二十世紀的末日危機換來現在道德及格的人類社會，還不壞吧？

真要是這樣就好了。在我看來「人類社會過去很糟，現在好多了」是很合理的判斷，「人類社會過去很糟，現在就沒問題了」則過於天真，幾個考量：

一、最好是你這麼好運

若從動筆開始寫《聖經》的時間計算，人類歷史三千五百年，當中大多數的時間都充滿暴虐和傷害，「然而幸運的是，就在三十年前我們剛好解決了所有問題，讚哦！」這種說法你真的買單嗎？憑什麼你如此幸運活在這個天選的時代？

二、我們沒理由認為道德價值已經進展到終點

古時候那些「血統純正」的成年男性是昧著良心、背負著罪惡感去奴役女性、兒童和奴隸的嗎？還是說他們根本不覺得那有什麼問題？

道德價值需要時間進展，許多現在認為普世的價值在過去並不普世。直到最近兩百年，人類才逐漸認為「自由」、「平等」這些概念是不分族群一體適用。我並不認為今年人類社會的表現有完全滿足上世紀開始普遍承認的「自由」和「平等」這些價值，但就算是，人類對「自由」和「平等」這些價值的肯認，就是道德進展的終點了嗎？很難說。

如果你「感覺」現在的社會的貧富差距、性別和族群在勞動上的差異沒有什麼問題，應該想一下：兩百年前的中國人也「感覺」世襲階級社會、刑求和女性裹小腳沒有什麼問題。如果當時的中國社會離道德及格還很遠，我們沒理由認為我們所在的社會已經達標。

三、我們沒理由認為我們已經看見了所有錯誤

如同道德價值會逐漸進展，人類的認知能力也是。隨著

我們對於自由、責任分配和因果關係的理解進展，我們可以辨認出社會上更細緻的問題，例如許多成年人具備歧視女性的心態，這並不是因為他們是壞人，而是因為他們在比較傳統的社會成長，沒有學到性別意識。這種細緻的發現讓我們得以更好的方式解決問題。

人類的認知能力還在進展中，這意味著社會上現存的錯誤我們雖然察覺得越來越多，但尚未窮盡。有些錯誤的察覺需要我們有足夠完整的概念，「性騷擾」、「霸凌」、「情緒勒索」這些詞彙應該都是近一百年才發展出來的，你可以想像看看，若手上沒有這些詞彙以及相應的概念，你是否能憑自己的本事獨力看出這些事情有問題之處。

另一個例子：體罰過去被認為是「師長應得的管教手段」，直到相當晚近，才開始被視為無法容忍的暴力，而就在如今的臺灣，家長打小孩到底是家暴，還是說只是過度管教，對一些人而言顯然仍是有爭論的空間。

要主張現在的人類社會已經達至道德終點，我們得要認為自己已經辨認出社會上的所有錯誤並且加以改進。考慮到上述這些，我們真的有自信能說自己已經辨認出社會上的所有錯誤嗎？

人習慣把現實當合理

雖然我們沒有理由認為現代社會已經達致平等，但我們往往傾向於這樣認為。一部分的原因，是我們習慣把既有的現實當成合理的，特別是當自己是享受利益的一方，或者當自己已經苦過來的時候。

有些男人抱怨自己的妻子「竟然」提議讓其中一個小孩跟媽媽姓，好像小孩跟爸爸姓並非父權社會給男性的特權，而是自然定律、天經地義。在傳統社會當媳婦、在臺灣當兵的痛苦和不公，許多人都能感受，但當他們退伍、「熬成婆」，又容易一副「大家都這樣經歷，所以很公平」的樣子。人容易把現實當合理，而我們得後退一步，察覺自己有此傾向，才有機會更準確的觀察和評估現實，以實現自己想要的世界。

最後，希望這本書裡提供的問題和論點，能協助你找到自己想要的世界。

〔flow〕007

這裡有些問題：迎戰生活的哲學思辨

作者　朱家安
副總編輯　洪源鴻
責任編輯　董秉哲
行銷企劃　二十張出版
封面設計　韋華平面制作
版面構成　adj. 形容詞

出版　二十張出版——遠足文化事業股份有限公司
發行　遠足文化事業股份有限公司（讀書共和國出版集團）
地址　新北市新店區民權路108之3號3樓
電話　02・2218・1417
傳真　02・2218・0727
客服專線　0800・221・029
信箱　akker2022@gmail.com
Facebook　facebook.com/akker.fans
法律顧問　華洋法律事務所版——蘇文生律師
製版　中原造像股份有限公司
印刷　中原造像股份有限公司
裝訂　中原造像股份有限公司
出版　二〇二五年八月——初版一刷
定價　四二〇元

ISBN — 978・626・7662・47・2（平裝）978・626・7662・52・6（EPUB）978・626・7662・53・5（PDF）

國家圖書館出版品預行編目（CIP）資料：這裡有些問題／朱家安　著 — 初版
— 新北市：二十張出版 — 遠足文化事業股份有限公司發行　2025.08　224面　14.8 × 21 公分
（flow；7）　ISBN：978・626・7662・47・2（平裝）　1. 哲學　100　114006357

AKKER
二十張出版

朱家安

這裡有些問題

迎戰生活的哲學思辨